CATALOGUE

DES

MANUSCRITS

DE LA

BIBLIOTHÈQUE DE L'UNIVERSITÉ

RÉDIGÉ PAR

M. EMILE CHATELAIN

Conservateur-Adjoint de la Bibliothèque de l'Université.

PARIS

HONORÉ CHAMPION, LIBRAIRE, 9, QUAI VOLTAIRE.

1892

EN VENTE A LA MÊME LIBRAIRIE :

Bulletin mensuel des récentes publications françaises avec un appendice contenant l'indication des cartes géographiques et des livres anciens nouvellement entrés au département des imprimés. *Paris*, 1882-92, 10 vol. .... 100 fr.
Paraît tous les ans.

Instructions élémentaires et techniques pour la mise et le maintien en ordre des livres d'une bibliothèque, par L. Delisle, administrateur général de la Bibliothèque Nationale. 1890, in-8° .... 2 fr.

Inventaire général et méthodique des manuscrits français de la Bibliothèque Nationale, par L. Delisle, membre de l'Institut, administrateur général de la Bibliothèque Nationale. Tome I. Théologie — Tome II. Jurisprudence. Chaque volume .... 7 fr. 50
Les tomes III et IV sont sous presse.

La Bibliothèque Nationale, son origine et ses accroissements jusqu'à nos jours. Notice historique de M. Mortreuil, secrétaire de la Bibliothèque. *Paris*, 1878, in-8° .... 3 fr.

Bibliothèque Nationale. Notice des objets exposés. *Paris*, 1878, in-12 *(Manuscrits imprimés, estampes)* .... 3 fr.

Catalogue alphabétique des ouvrages mis à la disposition des lecteurs dans la salle de travail, précédé d'un avertissement et accompagné d'un plan de la salle, par M. Thierry-Poux, conservateur sous-directeur. *Paris*, 1886, 2e édition, in-12 .... 3 fr.

Inventaire sommaire des manuscrits des bibliothèques de France dont les catalogues n'ont pas été imprimés, publié par U. Robert. Fascicules 1, 2 et 3 .... 12 fr.
L'ouvrage composé de 900 pages environ, paraît par fascicule de dix feuilles, gr. in-8° à deux colonnes. — Prix du fascicule .... 4 fr.

Inventaire de la collection d'estampes relatives à l'histoire de France, léguée en 1863 à la Bibliothèque Nationale par Michel Hennin, rédigé par M. G. Duplessis, conservateur sous-directeur-adjoint du département des estampes à la Bibliothèque Nationale.
Cet ouvrage forme cinq volumes grand in 8°, chacun .... 12 fr.

Le cabinet des manuscrits de la Bibliothèque Nationale, par L. Delisle, membre de l'Institut, administrateur général de la Bibliothèque Nationale. *Paris*, Imprim. nationale, 1868-1881, 3 vol. in-4° et atlas. 100 fr.

La Bibliothèque Nationale en 1875 et en 1876. Rapports annuels, par L. Delisle, deux parties in-8° chacune .... 3 fr.

Bibliothèque Nationale. Catalogue des manuscrits des fonds Libri et Barrois, par L. Delisle, membre de l'Institut, administrateur général de la Bibliothèque nationale. *Paris*, 1888, in 8° fac-simile .... 12 fr.

CATALOGUE DE LA BIBLIOTHÈQUE NATIONALE. *Histoire de France*, 13 vol. in-4. Les tomes I à XI sont en vente à 25 fr. le volume.
Manuscrits français. Tomes I, II et III, à 25 francs le volume.
Manuscrits espagnols, par A. Morel-Fatio, 1er vol. in 4°, 15 fr.

Inventaire des cartulaires conservés dans les bibliothèques de Paris et aux Archives nationales, suivi d'une bibliographie des cartulaires publiés en France 1840-1878, par U. Robert. *Paris*, in-8° .... 5 fr.

Inventaire sommaire de la collection Joly de Fleury, par A. Molinier. *Paris*, 1881, in-8° .... 2 fr. 50

Inventaire des manuscrits italiens de la bibliothèque Nationale qui ne figurent pas dans le catalogue de Marsand, par G. Raynaud. *Paris*, 1882, in-8° .... 5 fr.

Description des peintures et autres ornements contenus dans les manuscrits grecs de la bibliothèque Nationale, par H. Bordier. *Paris*, in 4°, planches .... 30 fr.

Recueil de lois, décrets, ordonnances arrêtés, circulaires, etc., concernant les bibliothèques publiques, communales, universitaires, scolaires et populaires, publiés sous les auspices du Ministère de l'Instruction publique, par U. Robert. *Paris*, 1883, in-8° .... 5 fr.

Catalogue des manuscrits de la Bibliothèque de l'Institut, rédigé par F. Bournon. *Paris*, 1890, in-8° .... 3 fr.

Bibliothèque Nationale. Manuscrits latins et français ajoutés aux fonds des nouvelles acquisitions pendant les années 1875-1891. Inventaire alphabétique par L. Delisle. *Paris*, 1891, in 8° .... 30 fr.

INVENTAIRE

DES

MANUSCRITS DE LA BIBLIOTHÈQUE DE L'UNIVERSITÉ

CATALOGUE

DES

MANUSCRITS

DE LA

BIBLIOTHÈQUE DE L'UNIVERSITÉ

RÉDIGÉ PAR

M. EMILE CHATELAIN

Conservateur-Adjoint de la Bibliothèque de l'Université.

PARIS

HONORÉ CHAMPION- LIBRAIRE, 9, QUAI VOLTAIRE.

1892

INVENTAIRE

DES

MANUSCRITS DE LA BIBLIOTHÈQUE DE L'UNIVERSITÉ

(A LA SORBONNE)

Rédigé par M. Émile CHATELAIN.

TRÈS-GRAND FORMAT

1. Officium sancti Martini Turonensis episcopi, ad usum collegii Thesaurariorum. 1761.

2. Officium in festo sancti Corentini, Corisopitensis episcopi. Parch. XVIIe S.

3. Livre des petits Saluts, par les soins de Pierre Belluot, docteur de Sorbonne et principal du collège de Tours. 1759.

4. Manœuvres de cavalerie. 54. tableaux. XVIIIe. s.

5. Estampages d'inscriptions de France. (Recueil provenant de la bibliothèque de M. le comte de Saporta). XIXe s.

6-8. Catalogue des livres de la bibliothèque des lycées de Paris. 3 vol. 1804.

GRAND FORMAT

9. Biblia, ex translatione S. Hieronymi, cum interpretationibus nominum hebraicorum. XIVe s. Parch.

10. Biblia, ex transl. S. Hieron., cum interpr. nom. hebr. XIVe s. Parch.

11. Biblia, ex transl. S. Hieron., cum interpr. nom. hebr. XIVe s. Parch.

12. Leviticus, Numeri, Deuteronomius, Josue, Judices, Ruth, Hester, Judith, Thobias, Esdras, Neemias, cum glossis. XIIIe s. Parch.

13. Liber Psalmorum, cum glossis. XIIIe s. Parch.

14. Breue paraphrase des Psaumes de David et les arguments d'iceulx, extraits principalement de l'explication du cardinal Bellarmin, avec une autre paraphrase des cantiques qui se chantent en l'église par chacun jour de la sepmaine, extraits du commentaire du reverendissime evesque Jansenius. XVIIe s.

15. Regum libri IV, Machabæorum libri II, Paralipomenon libri II, cum glossis. Parch. XIIIe s.

16. Postillæ fratris Petri [Remensis?] de predicatoribus in Ezechielem, Danielem, XII prophetas minores, Machabæorum lib. II et Novum testamentum. Parch. XIIIe s. (cf. Quétif et Echard, I, 117 a).

17. Job et XII prophetæ minores, cum glossa. Parch. XIVe s.

18. Job, translatus a beato Jeronimo de greco arabicoque sermone. — Moralia beati Gregorii papæ per contemplationem sumpta in librum beati Job, Parch. XIIe s.

19. Matthæus et Marcus, cum glossa. Parch. XIIIe s.

20. Concordantiæ bibliorum. Parch. XIIIe s.

21. Thomæ de Aquino expositio super quatuor evangelia. Parch. XIVe s.

22. Jordani de Quedelingebrac, fratrum heremitarum S. Augustini, pos-

tilla de evangeliis dominicalibus. Parch. xv^e s.

23. S. Lucæ evangelium, cum postilla Hugonis [de S. Victore]. — Glossa super primum et secundum capitula Lucæ. — Expositio supra prologum Bibliæ Jeronimi et supra sex capitula Genesis. Parch. xviii^e s.

24. S. Pauli epistolæ, cum commentario Petri Lombardi. Parch. xiii^e s.

25. Origenis expositio super epistolam Pauli ad Romanos, ex versione Rufini. — Homeliæ in libros Judicum, Regum, Canticum canticorum, Isaiam, Jeremiam. Parch. xii^e s.

26. Sermones in Psalmos. Parch. xii^e s.

27. Augustini tractatus super L psalmos. Parch. xii^e s.

28. Augustini de Civitate Dei libri xxii. Parch. xi^e s.

29. Augustini de Civitate Dei libri xxii. Parch. xv^e s.

30. [Gratiani] concordia discordantium canonum. Parch. xiv^e s.; peint.

31. Innocentii IV papæ apparatus super v libros decretalium. — Margarita B. Yspani ad materias confusas apparatus Innocentii facilius intelligendas. Parch. xiii^e s.; peint.

32. Bonifatii papæ liber sextus decretalium. — Johannis xxii constitutiones. Parch. xiv^e s.

33. Henrici Ostiensis summa copiosa de titulis decretalium. Parch. xiv^e s.

34. Henrici de Gandavo summa theologiæ (articuli vi-lxxv). Parch. xiv^e s.

35. Gregorii magni Moralia (lib. xvii-xxxv). Parch. xiv^e et xii^e s.

36. Petri Lombardi Sententiarum lib. iv. Parch. xiii^e s.; peint.

37. Petri Lombardi Sententiarum lib. iv. Parch. xiv^e s.

38. Joannis Duns Scoti in lib. iii et iv Sententiarum. — Quodlibeta. Parch. xiii^e s.

39. Ægidii Romani sive de Columna, super libros Sententiarum distinctiones xliii. Parch. xiv^e s.; peint.

40. [Alberti magni] Summa de bono (cf. Quetif et Echard, I, 181 b). — Liber de perfectione spiritualis vitæ (cf. ibid. I, 179 b) — Articuli 219 Parisius condempnati. — Summa de creaturis. Parch. et pap., fin xiv^e s.

41. Alberti Magni de animalibus libri xxvi. Parch. xiv^e s.

42. Guillelmi Parisiensis de universo. Parch. xiv^e s.; peint.

43. Hugonis [de S. Victore] liber de sacramentis. Parch. xii^e s.

44. Sermones dominicales. — Speculum peccatorum editum a beato Augustino. — Demosthenis oratio ad regem Alexandrum, trad. a greco in latinum per Leonardum Arhetinum. (Per manum Oliverii Jarno, 1462).

45. Tractatus de sacramentis. xviie s.

46. Thomassin, sur les Conciles. xviiie s.

47. Recueil de pièces sur la bulle Unigenitus. xviiie s.

48. Brief recueil et sommaire de ce qui s'est fait en la ville de Poissy durant l'assemblée des prélats de l'église Gallicane (26 juillet-14 oct. 1561) — Procès verbal de l'assemblée du clergé de France tenue à Paris en 1567. — Actes de l'Assemblée du clergé de 1573 tenue à Fontainebleau. xviiie s.

49. Procès-verbal de l'Assemblée générale du clergé de France tenue par permission du Roy ès villes de Melun et Paris, ès années 1579 et 1580. xviie s.

50. Procès-verbal de l'Assemblée générale extraordinaire du Clergé de France, tenue à Paris au couvent des Grands Augustins, ès années 1681 et 1682. xviiie s.

51. Valère Maxime, traduit en françois. Parch. xve s.

52. Vincentii Bellovacensis speculum naturale. Parch. xive s.; peint.

53. Vincentii Bellovacensis speculum doctrinale. Parch. xive s.; peint.

54-57. Vincentii Bellovacensis speculum historiale. Parch. xive s.; peint.

58-59. Joannis a Janua Catholicon. 2 vol. Parch. xive s.; peint.

60. Richardi a S. Victore liber exceptionum. Parch. xiie s.

61. Histoire de Charles VI. Parch. xve s.; peint.

62-63. Registres du Conseil du Parlement, t. 18 (1564-66) et 28 (1620-31). Deux vol. XVIIe s.

64-70. Recueil de tout ce qui s'est fait et passé au Parlement. T. I et IV-IX (13 mai — 24 oct. 1648 et avril 1649 — déc. 1652); sept vol. XVIIe s.

71. Copie du registre 79 du Parlement (1535-1545). XVIIe s.

72-80. Comptes rendus par J. Petit de Montempuys de la Recepte et Despence du Trésor Royal (1675-1694). Neuf vol.

81. Traictez des Lois, Ordonnances, Édits, Déclarations et Lettres Patentes contenant la différence qu'il y a de l'usage de ces titres, — des sceaux, — des lettres de grâce, — des Conseils des rois jusques et y compris Louis XIV. — Examen fait, par ordre du Roi, par MM. du Conseil, par la Sorbonne et le Parlement, pour le règlement à faire des intérêts des billets. XVIIe s.

82. Annotationes in daedaleam jurisdictionum materiam, ex doctore Rueillio, in auditorio juris civilis, Pictaviensi, anno 1584, a Nicolao Chippard, in curia patrono. XVIe s.

83. Petit de Montempuys : sur l'ordre et l'établissement des jurisdictions de France. XVIIe s.

84. Le Laboureur : Histoire de la Pairie en France. XVIIIe s.

85. Papiers relatifs aux domaines du Roi à Meudon. XVIIIe s.

86. Enquête sur la conduite de M. de Chauvallon, intendant de la Guyane, par M. le chevalier Turgot, etc. XVIIIe s.

87-88. Lettres de Louvois à l'occasion de la guerre de Hollande (1671 et 1672). 2 vol. XVIIe s.

89. Plans de diverses places fortes. Mâcon, Dijon, St-Jean-de-Losne, etc: l'arch. 1638.

90. Histoire des troubles et des guerres civiles en France, de 1648 à 1661. Extrait du Mercure, de l'abbé Vittorio Siri. XVIIIe s.

91. Traité du commerce de mer. XVIIIe s.

92. Blason d'armoiries, par le sieur de Valles, de la ville de Chartres. 1636.

93. Annales des Machabées (an. de Rome 578-719). XVIIIe s.

94. Cartes chronologiques de l'histoire ancienne. XVIIIe s.

95-98. Recueil de jurisprudence, par ordre alphabétique. 4 vol. XVIIIe s.

99-106. P. Anselme : histoire générale et chronologique de la Maison royale de Bourbon, T. I, II et IV-IX. 8 vol. imprimés (1712-33) avec notes manuscrites.

107. Journal de Louis XIV, de février 1696 à décembre 1697.

108. Cahier d'histoire relatif à Hugues Capet, Philippe-Auguste, etc. XVIIIe s.

109-110. Code général de l'Ordre du St.-Esprit. Recueil de tout ce qui s'est passé de remarquable depuis sa fondation jusqu'au 31 décembre 1781. 2 vol.

111. Registre du Bureau de discipline du collège Louis-le-Grand, établi par lettres patentes du 21 nov. 1763.

112. Comptes du collège Louis-le-Grand et des anciens collèges y réunis. 1782.

113. Catalogue de la Bibliothèque du collège Louis-le-Grand. 1768.

114. Catalogue de la Bibliothèque de l'Université. 1770.

115. Conclusiones Societatis Sorbonicae ad Collegium Sorbonae-Plessaeum pertinentes, 1643-1740. — Ordre de la journée pour les pensionnaires du collège du Plessis. XVIe s.

116. Liber præmiorum Collegii Sorbonæ-Plessæi. 1685-1718.

117. Actes de fondation du collège de Lamothe en Courtemanche. XVIe s.

118. Statuts et titres du collège de Maître-Gervais. XVIIIe s.

119. Aristotelis, Metaphysica, Physicorum libri VIII, de celo et mundo, de generatione et corruptione, metheororum libri III, de anima libri III, de sensu et sensato, de memoria, de somno, de longitudine et brevitate vitæ, de spiritu et respiratione, de causis et proprietatibus elementorum, de lineis indivisilibus, de inundatione Nili, de bona fortuna, de vegetalibus et plantis, de tribus virtutibus, de coloribus, de mundo, de motu animalium, de progressu animalium, de phisionomia Aristotelis, de morte sive de pomo, de differentia spiritus et anime, de epistola ad Alexandrum, de vita Aristotelis, de causis cum commento. Parch. XIIIe s.

120. Aristotelis, rhetorica, cum commento Francisci Ægidii Romani. Parch. XIIIe s.

121. Ægidii Romani, sententia supra libros physicorum et de anima Aristotelis. Parch. XIVe s. Peint.

122. Ægidii Romani, de corpore humano. Parch. XIVe s.

123. Bartholomei Anglici, de proprietatibus rerum. Parch. XIVe s. Peint.

124. Joannis Buridani, libri ethicorum. Parch. XVe s.

125. Galenus: libri XVIII de medicina. Parch. XIIIe s.

126-127. Rhazis, El-Hawi sive Continens (lib. XXV). Parch. 1379. Peint.

128. Averrois : liber animalium abreviatus. — « Liber Mehemet Avenstot qui Colliget nominatur. — Quæstiones disputatæ per magistrum Dinum de Florentia, per magistrum Bentiturium Bononiensem, secundum mag. Julianum, per mag. Jacobum Bononiensem, per mag. Albertum de Zancariis Bononiensem, etc. — Liber Galeni de cibis trans. a Guillelmo de Morbecha. — Liber de secretis secretorum. — Experimenta Thadei. — Medicinæ Albumazar translatæ a magistro Arnaldo de Villa nova. Parch. XIVe et XVe s.

129. Avicennæ, Canones. Parch. XIVe s.

130. Avicennæ, liber canonis transl. a Girardo Cremonensi. Parch. XIVe s.

131. « Liber Caysir medicinarum magni viri sapientis Albenzoar, translatus ex lingua ebrayca in latinam per manum Johannis, humilis servi Christi, de Capua, in anno 1319. — Liber Abolay Abenzoard, de regimine et conservatione sanitatis, translatus a Bernardo Honofredi cyrurgico, de arabico in latinum, a. 1299, etc.

132. Breviarium Johannis, filii Serapionis, translatum a mag. Girardo Cremonensi. — Synonima Serapionis. — Liber Almansoris, transl. a Girardo Crem. — Divisiones Rhazis. — Antidotarium et experimenta Rhazis et secreta Ypocratis. Parch. XIIIe s.

133. Johannis de sancto Amando additionnes super tabulam Tacuini. — Colliget florum medicinæ, compilatus per mag. Petrum de sancto Floro. — Medicinæ quædam. Parch. XIVe s.

134. Dilucidatorium tocius pratice generalis medicinalis artis, editum a Dyno de Florentia. Parch. 1377.

135. J. U. Brunner, docteur und Practicus in der Pharmacie, Krafft und Würckung der aller fürnehmsten Kraüter. XVIIIe s.

136. J. U. Brunner, Allerhand Ausserlessenne Reccepten Burch. 1720.

137. J. U. Brunner, Hauss-Buch Ausserlesener Recepter. XVIIIe s.

138. Trigonometrie (en hollandais) — Instructie van regulire en irregulire Fortificatie. XVIIIe s. Fig. et peint.

139. Division generalle des Mathematiques. Fortification irreguliere, contenant un discours sur la situation des places (imprimé s. l. n. d.). Nombreux dessins et plans à la main. XVIIe s.

140. Livre de matematique fait par M. le vicomte de Lautrec. Journal de la campagne d'Allemagne 1690 (l'armée commandée par M. le maréchal de Lorges sous les ordres de Mgr. le Dauphin). XVIIe s. Fig.

141-142. Traité de fortification par Vauban, suivi de l'éloge de Vauban par Fontenelle. 2 vol. XVIIe s. Fig. et pl.

143. Recit ou Brefve description...t du siège de Bois-le-Duc, par J. Prempar- (imprimé à Leeuward en 1630). — Relation du siège de Namur par Mgr le comte de Clermont. — Mémoire sur la deuxième visite du Spirbahc, par M. de Perdiguis, commandant les ingénieurs, par ordre du maréchal de Coigny, 1734. — Mémoire sur les lignes de la Quesch et de la Loutre, 1746. Victoire de Laudin (29 juil. 1693). — Devis des ouvrages ordonnés par Sa Majesté pour une nouvelle place vis-à-vis Brisack. — Journal du siège d'Ath (1697).

144. Le général d'Armée. XVIIIe s.

145-146. Reglement für die Sammentliche Kaiserliche Kœnigliche Infanterie, 2 vol. XVIIIe s.

147. Exercitium für die Sammentliche Kayserliche Kœnigliche Infanterie. XVIIIe s.

148. Recueil sur la cavalerie. XVIIIe s.

149. Orontii Finæi Delphinatis speculum astronomicum. XVIe s.

150. Plan d'un dictionnaire des antiquités, avec préface, par Daremberg. 1857 (autographié).

MOYEN FORMAT

151. Biblia sacra, cum prologis Hieronymi. Parch. XIIIe s. Peint.

152. Genesis et Exodus, cum glossa. Parch. XIIIe s.

153. Genesis et Exodus, cum glossa. Parch. XIIIe s.

154. Proverbia, Ecclesiastes, Canticum, Sapientia, Ecclesiasticus cum glossa. Parch. XIIIe s.

155. Isaias, cum glossa. Parch. XIIIe s.

156. Jeremias, cum glossa. Parch. XIIIe s.

157. Ezechiel et Daniel, cum glossa.

158. S. Lucas et S. Johannes, cum glossa. Parch. XIIIe s.

159. Epistola Petri II, Epistolæ Johannis tres, Epist. Judæ, Apocalipsis, Actus Apostolorum, cum glossa. Parch. XIIIe s.

160. Epistolæ et evangelia pro Dominicis et festis. Parch. XIIIe s.

161. Basilii Cesareensis hexameron, ex versione Eustachii Afri. — Bedæ venerabilis hexameron in Genesim. Parch. XIVe s.

162. Nicolai de Lyra, postilla in Pentateuchum. Parch. XIVe s.

163. Ejusdem, postilla in Reges Paralipomena, Esdræ lib. 1, Neemiam, Esther, Esdræ lib. II, Job, libros sapientiales. Parch. XIVe s.

164. Ejusdem, postilla in Prophetas et libros Machabæorum. — Historia Susannæ, Belis et Drachonis. Parch. XIVe s.

165. Ejusdem, postilla super Psalmos. Parch. XIVe s.

166. Radulphi Flaviacensis explanationis super Leviticum lib. I-X. Parch. XIIe s.

167. Ejusdem, super Leviticum lib. XI-XX. — Explanatio in Apocalipsin. Parch. fin XIIe s.

168. Petri de Palude, postilla super Leviticum (cf. Quétif et Echard, I, p. 605). Parch. XIVe s.

169. Rabani Mauri, commentarius in libros Regum. Parch. XIIe s.

170. Chrysostomi, homeliæ super Matheum. Parch. XIIIe s.

171. Richardi de Sancto Victore, quæstiones super Epistolas Pauli et solutiones earumdem. — Versus de veteri testamento et novo. — De quinta egloga Virgilii. Parch. XIIe s.

172. Ricardi S. Victoris, expositio super Apocalipsim. — Hugonis (S. Victoris), de archa Noe ; Interrogationes ; de operibus trium dierum, de septem donis sancti spiritus ; de sapientia in Christo et sapientia Christi ; de virginitate beate Marie, de incorrupta virginitate matris Domini ; de instructione novitiorum ; — Richardi S. Victoris de mistico sompnio Nabugodonosor regis ; de visione Danielis ; de contemplatione. — Liber S. Jeronimi de homine perfecto. — Ricardus (S. Victoris) super Ecclesiastem. Parch. XIIIe s.

173. Joachimi, abbatis Florensis, expositio in libr. Apocalipsis. Parch. 1300.

174. Berengaudi, super septem visiones libri Apocalypsis (Migne, XVII, 843). Parch. XIIe s., mutilé.

175. Bedæ venerabilis, expositio super Epistolas Pauli, ex libris S. Augustini collecta. Parch. XIe s.

176. Guillelmi Durandi, Rationale divinorum officiorum ecclesiæ. Parch. XIVe s.

177. Missale. Parch. XIIIe s.

178. Breviarium. Parch. XIVe s.

179. Breviarium. — Descriptio sanctorum secundum usum Belvacensem. XVe s.

180. Breviarium ad usum collegii

Sanctæ Mariæ Baiocensis. Parch. xiv^e s.

181. Radulphi de Montfiquet, Tabula seu Repertorium quorumdam notabilium dictorum, sententorum in libro de explicatione articulorum fidei in symbolo Apostolorum et aliis symbolis comprehensorum. xv[e] s.

182. Jacobi Folquerii, ord. fratrum eremitarum S. Augustini, Tolosani (anno 1345), Viridarium Gregorianum. Parch. xiv[e] s.

183. Gregorii papæ, homiliæ XL in evangelia, 1477. — Sermo Nicolai Oresme coram papa in vigilia Natalis Domini 1364. — Sermo Bernardi de blasphemia. — Vision de Philibert hermite. — Les peines de l'enfer. — Epitaphia Ludovici de Luxembourg. xv[e] s.

184. Gregorii papæ, Dialogorum lib. IV. — Versus de rebus christianis. xv[e] s.

185. Petri Pictaviensis, Distinctiones psalmorum. — S. Dionisii *Areopagitæ* liber de cœlesti hierarchia. Parch. xiii[e] s.

186. Eusebii Cæsariensis, Historiæ de versione Rufini. Parch. xi[e] s.

187. S. Augustini, Epistolæ cxxxi. Parch. xi[e] s.

188. S. Augustini, sermones LXXXVIII de verbis Domini. Parch. xi[e] s.

189. S. Hieronymi, libri de significationibus dictionum veteris ac novi testamenti, — quaestionum hebraïcarum ; de decem temptationibus ; de questionibus Regum (et Paralipomenon) ; Canticum Debarre, — Lamentationes Jeremiæ, Epistola ad Dardanum, Liber de distantiis locorum, — Liber hebraicorum nominum, nomina regum, locorum. — Boetii de trinitate ; de ebdomadibus ; contra Nestorium et Eutiæen de persona et duabus naturis. Parch. xii[e] s.

190. Manuscrit grec. S. Cyrilli, Athanasii, Basilii, J. Chrysostomi, Maximi, Justini varia. 1424.

191-192. Hubertini Cartusiani, de vita Christi. — Algorismus. 2 vol. xv[e] s.

193. Adami de Voodam minoritæ, opus super sententias. Parch. xv[e] s.

194. Petri de Alliaco, *lectura super sententias*. xv[e].

195. Guillelmi Altissiodorensis, summa aurea super libros sententiarum. Parch. xiii[e] s.

196. Gregorii de Arimino, lectura super primum librum sententiarum. Parch. xive s.

197. Michaelis de Bay ad Ath commentaria in quatuor libros sententiarum. xvie s.

198. Durandelli (aliter Durandi de Aureliaco) Argumenta contra Durandum [de *Sancto Portiano*] *supra libros sententiarum*. — Corruptorii correctorium (cf. Quétif et Echard, I, 588 et II, 819). — Egidii de Roma, Expositio libri de causis. xve s.

199. Bonaventura, in librum I sententiarum. Parch. xive s.

200. Bonaventura, in librum II sententiarum. Parch. xve s.

201. Bonaventura, in librum *III* sententiarum. Parch. xive s.

202-205. Thomæ Aquinatis, in libros IV sententiarum. 4 vol. Parch. xiii[e]-xiv[e] s.

206. Thomæ Aquinatis, de fide catholica contra Gentiles. Parch. xiv[e] s.

207. Thomæ Aquinatis, quæstiones de potentia Dei. Parch. xiv[e] s.

208. Thomæ Aquinatis, retractationes, quodlibeta, quæstiones de verbo incarnato. Parch. xiv[e] s.

209. Thomæ Aquinatis, questiones de anima et de virtutibus, — de spiritualibus creaturis, — de perfectione spiritualis vitæ, de malo — de esse et essentia. Parch. xiv[e]-xv[e] s.

210-212. Thomæ Aquinatis, summæ theologicæ pars prima, prima secundæ, secunda secundæ. 3 vol. Parch. xiv[e] s.

213. Tabula super libros S. Thomæ, a fratre Herveo de Cauda. Parch. 1484.

214. Tabulæ originalium. Parch. 1348.

215. Thomæ de Hybernia, Manipulus florum Parch. xiv[e] s.

216. Guilelmi Parisiensis, de Universo spirituali, partes II et III. Parch. 1388.

217. Guillelmi Parisiensis, de vitiis et virtutibus. Parch. xiv[e] s.

218. Guillelmi Parisiensis, de fide et

legibus; — de septem sacramentis. Parch. XVe s.

219. Hugonis S. Victoris, liber de sacramentis. — Interrogatio Augustini, Anglorum episcopi, et responsio S. Gregorii papæ, de pollutione nocturna. — Sententiæ SS. Augustini, Bedæ, Pi papæ, conciliorum Aurelianensis, Cluniacensis et Julii papæ, de Eucharistia. — Sermo Ivonis, episcopi Carnotensis, de sacramentis neophytorum. — Sermones beati Bernardi in adventu Domini. Parch. XIIIe s.

220. Joannis de Friburgo, summa confessorum. — Paragrafi summe (pœnitentiæ) fratris Raymundi (ord. prædicatorum). — Statuta summe confessorum, ex sexto Decretalium. Parch. XIVe s.

221. Bartholomæus de Sancto Concordio, de Pisis, summa de Casibus ad conscientiam. Parch. XIVe s.

222. Jacobi de Vitriaco, sermones, a Trinitate usque ad Adventum. Parch. XIVe s.

223. Nicolai de Hanapis, exempla sacræ scripturæ. Parch. XVe s.

224. Alberti magni, de laude beatæ virginis. Parch. XVe s.

225. Richardi Radulphi Armacani, quæstiones Armenorum. Parch. 1385.

226. Guillelmi Okam, Dialogi de potestate papæ. Parch. XVe s.

227. Augustini de Ancona, summa de ecclesiastica potestate. XVe s.

228. Geraldi de Abbatisvilla, errores qui continentur in libello a quodam fratre minorita composito. — Contra adversarium perfectionis christianæ. — Guillelmi de S. Amore, de perfectione status clericorum — De excellentia status clericorum. — Nicolai Lexeviensis epistolæ (cf. Quetif et Echard, I, 335-336 ; Hist. litt., XXI, 450 et sq.; Chartul. Univ. Paris). Parch. XIIIe-XIVe s.

229. Francisci Petrarchæ, epistolæ et varii sermones ; de regis eruditione et quædam epistolæ. — Pii II varia. — Johannis Jofridi episcopi Atrebatensis, orationes quædam. — Poggii epistola ad Scipionem Ferrariensem. — Petri de monte ad Poggium. XVe s.

230. Pratiques de piété, par le R. P. Gourdan. XVIIe s.

231. De incarnatione. XVIe s.

232-243. Recueils sur la constitution Unigenitus et diverses affaires ecclésiastiques. XVIIe et XVIIIe s.

244. Philippi Mornæi, de veritate religionis christianæ. 1582.

245. Philippe de Mornay, sieur du Plessis-Marly, de la vérité de la religion chrétienne. XVIe s.

246. Disputationes theologicæ. XVIIIe s.

247-248. Lieux communs théologiques, par ordre alphabétique. XVIIIe s.

249. Sur l'unité et la visibilité de l'Eglise. XVIIIe s.

250. L'ouverture intérieure du royaume de l'Aigneau. XVIIe s.

251. Vie de la mère Marie des Anges Suyreau, abbesse de Port Royal. XVIIe s.

252. Martyrologium primatialis ac metropolitanæ Ecclesiæ Senonensis (ex antiquo codice). 1670.

253-256. Henrici Bohic, distinctiones in Decretales. 4 vol. 1460-1462.

257. Traité de l'abus. XVIIIe s.

258. Pièces concernant les entreprises du Parlement de Paris sur la juridiction ecclésiastique. 1752.

259. Conflit de la juridiction civile et ecclésiastique au sujet de la régale (1037-1707).

260. Théologie, épitaphes, droit canon, extraits d'auteurs, listes de livres. XVIIIe s.

261. Tractatus juris. XVIIIe s.

262. Extrait de Loyseau, traité des seigneuries.

263-264. Droit coutumier de Bretagne. 2 vol. 1764.

265. Tables chronologiques pour les principaux Estats. (Imprimé et manuscrit) XVIIIe s.

266-269. Fourmont, Inscriptions grecques extraites par Ph. Lebas du ms. original de la bibl. Nationale. — 4 vol.

270. La Coulonche et Heuzey, Inscriptions grecques, avec notes de Ph. Lebas.

271. Ph. Lebas, Inscriptions grecques, extraites de divers auteurs.

272. La Coulonche, Inscriptions grecques de Macédoine.

273-280. Delamare, Inscriptions romaines de l'Algérie. 8 vol.

281. Marquardt, Organisation militaire de l'empire romain (trad. française).

282. Iter Italicum. —P. Ligorio, descrittione della villa Hadriana. XVIIe s.

283-296. Extraits historiques. 14 volumes. — I et II. Histoire générale. — III-VI Histoire de France jusqu'à 1692; — VII-IX. Histoire ecclésiastique; — X-XII. Droit public civil ; — XIII. Philosophie, belles-lettres ; — XIV. Histoire de France. 1693-1696.

297. Remarques sur l'histoire des rois de France de la 3e race. XVIIIe s.

298-299. Nouvelle histoire de France, ou Dissertations en forme de dialogues.— 2 vol. XVIIIe s.

300-301. La France vivante (2 vol.) XVIIIe s.

302. Institution de l'Ordre de la toison d'or par Ph. le Bon en 1429. XVIIIe s.

303. Mémoire sur les Parlements de France. XVIIIe s.

304. Ordonnances royaux, tant vieilles que nouvelles, jusqu'à 1649.

305. Lettres royaux, édits, etc. 1691-1692.

306. Olim du Parlement.

307-309. Extraits d'arrêts, la plupart du Parlement, 1586-1630.

310. Extraits de plusieurs registres du Châtelet. XVIIIe s.

311. Extraits des registres de la Chambre des Comptes. XVIIe s.

312. Répertoire des registres de la Chambre des Comptes. XVIe s.

313. Noms des villes où il existait des Chambres des Comptes en 1674.

314-321. Recueil sur les monnaies ; extraits de registres de la Cour des monnaies. 8 vol. XVII-XVIIIe s.

322-325. Extraits des registres du Trésor des Chartes. 4 vol. XVIe s.

326-332. Cérémonies de 1660 à 1691. 7 vol. XVIIIe s.

333. Etat des fermes unies. 1671.

334. Le Royaume de France, pais et rovinces d'icelluy. XVIe s.

335. Mémoire sur la province du Languedoc, par M. de Basville en 1697.

336. Fiefs de la Prevosté de Corbeil. XVIe s.

337. Rentes du fief de Guerquesalle. XVIIIe s.

338. Histoire de la Maison de Courtenay. 1739.

339. Histoire de la ville de Chimay. XVIIIe s.

340. Mémoires abrégés des Généralités du Royaume de France. XVIIIe s.

341. Recherches sur les Charges des amiraux, vice-amiraux et secrétaires d'Etat des différens départemens. XVIIIe s.

342. Mémoires des Ambassadeurs venus de France, de 1634 à 1639.

343. Procez verbal de l'Assemblée des notables tenue à Paris de 1626 à 1627.

344. Recueil de pièces curieuses relatives à l'histoire de France, 1598-1646.

345-346. Négociations de la paix traitée à Vervins entre Henri IV et Philippe II, 1598. 2 vol.

347-355. Négociations de Munster 1643-1649. 9 vol.

356. Bassompierre, Journal historique, t. I. XVIIe s.

357-358. Brantôme, Vie des hommes illustres et grands Capitaines. 2 vol. XVIIe s.

359. Vie de Philippe de Mornay-du Plessis. XVIIe s.

360. Mémoires de Dame Charlotte Arbaleste de Duplessis. XVIIe s.

361-367. Mémoires de Duplessis-Mornay, tomes III, V, VI, et VII. 4 vol. XVIIe s. (Cf. t. I, II, IV, *Bibl. Mazarine*, mss. 2093-95).

368-374. Duplessis-Mornay, Mémoires, de l'an 1608 à 1616. 7 vol.

375. Vie de la Duchesse de Longueville. XVIIe s.

376. Vie de la Duchesse de Longueville, suivie d'extraits de Mlle de Montpensier, de Mme de Motteville, de M. Laisné. XVIIIe s.

377. Lettres à Monsieur de Dinteville, lieutenant général de Champagne et de Brye. — 1570-1586.

378. Journal de M. d'Ormesson, 1661-1671.

379. Mémoires pour servir à l'histoire de Louis, Dauphin de France, mort en 1765, avec un traité de la connaissance des hommes, fait par ses ordres en 1758.

380. Traictez et Epistres de Jehan Juvenal des Ursins. XVIe s.

381. Mémoires du Duc de Rohan, de la mort de Henri IV jusqu'en juin 1629. XVIIe s.

382. Journal de Richelieu pendant l'orage de la Cour. — Lettres de Mme de Fargis, de Mlle de Chemeraut ; — Duchez et paieries de France ; — Extraits des registres du Parlement ; — Discours à la louange des dames. XVIIe s.

383. Procès de Louis de Marillac, maréchal de France, ès années 1630-1632.

384. Procès de Lille (affaire du Régiment de Dillon, 1780).

385. Relation, par M. Fuet, d'une affaire intentée contre plusieurs prêtres appelant comme d'abus au Parlement de Paris et au Conseil d'État, 1730.

386. Recueil de 57 pièces sur l'histoire de France, commençant par le partage de la mensé des abbés et religieux de S. Victor fait en 1544. XVIIe s.

387. Recueil sur les armes de diverses familles, les Conseillers, secrétaires du Roy et avocats (1672-1673), etc.

388-392. Miscellanea sur l'histoire de France.

393. Universitatis Parisiensis ejusque Facultatum quatuor origo vera, adversus fabulas ac fabulatores vindicata. — XVIIe s.

394. Historia rerum gestarum in Academia Parisiensi erga Dominicanos, auctore Edm. Richerio (abrégé). XVIIIe s.

395. Comptes du Collège d'Autun. 1414-1419.

396. Actes relatifs au Collège d'Autun. Parch, XVIe s.

397. Inventaire du Collège d'Autun. 1615.

398. Bursariorum Collegii Heduensis receptiones, ab anno 1613 ad annum 1723.

399. Livre pour les menues dépenses (d'un collège), de 1683 à 1685.

400. Secundus codex rationum procurationis Joannis le Breton, bursarii Collegii B. Mariæ, de diœcesi Baiocensi. (6 avril-6 oct. 1608).

401. Manière d'étudier et d'enseigner dans les collèges des Oratoriens, par le P. Houbigant. 1716.

402-403. Mélanges sur l'Université. 2 vol. XVIIIe s.

404. Distribution des prix des Collèges de Gaillac et de S. Girons. 1846.

405. Bibliothèque des lycées de Paris. Catalogue des anciennes éditions et des doubles. 1811.

406. Catalogue de la bibliothèque de M. de Montempuys, premier bienfaiteur de la bibl. de l'Université. XVIIIe s.

407. Catalogue des manuscrits de la bibl. de l'Université (vers 1826).

408-409. Registres d'entrée et de sortie des livres de la bibl. de l'Ecole Normale. 1812 et 1816.

410. Catalogue de la bibl. de l'Ecole Normale (1819).

411. Livres prêtés par la bibl. de l'Université à l'Ecole normale. 1818-1832.

412. Bibl. de l'Université. Catalogue des livres doubles remis à l'École Normale en 1818.

413. Un 2e exempl.

414. Bibl. de l'Université. Registre du prêt. 1824-1827.

415-446. Anciens catalogues des livres de la bibl. de l'Université. XIXe s.

447-451. Catalogue des publications sur les villes de France.

452-458. Inscriptions romaines de l'Algérie. Notes et documents divers réunis par Léon Renier.

459. Davalos de la Piscina, Chronique des rois de Navarre dédiée à Charles-Quint (1534), en espagnol.

460. Relacion de Espanâ. Vida del Rey d'Espana Philippe III, y de los privados, XVIe s.

461. Edits et ordonnances d'Elisabeth, reine d'Angleterre. — Liste des bulles des Papes octroyées aux rois de France, de Clément VI à Léon X. — XVI° s.

462. Extrait d'un vieil ms. contenant les anciens traités de paix faits entre les rois de France et d'Angleterre. XVI° s.

463. Pièces relatives aux rapports de la France et de l'Angleterre sous Louis XIII. XVII° s.

464. Cronica Veneta, dal principio sino l'anno 1616 XVII° s.

465. Origine delle famiglie nobili di Venezia. XVII° s.

466. Supplemento al codice dell' excelso consiglio de Dieci. XVIII° s.

467. Pratica universale del mag. delle acque.., principiando dall' erettione del Magist. Fatica di D. Antonio Piscina, Lodaro del magistro medemo. XVIII° s.

468. Dispacci e Relazione di Andrea Corner, proc. di S. Marco ritornato proved. gen. da Mar. (1677-1724).

469. Lettere scritte dagl'Ill. ss. Zaccaria, Sagredo podesta e Giovanni Contarini, Capitanio, rettori di Verona (1617-1619).

470. Registro di lettere publiche del reggimento dell' Ill. Niccolo Contarini, Capit. e V. podesta di Padova (1704-1706).

471. Lettere ducali scritte dal Senato al sign. Andrea Corner, prov. general da Mar. (1721-1724).

472. Registro de lettere del Mocenigo, scritte nel tempo del suo generalato in Dalmazia (1747-1748).

473. Decreti ducali, etc. sopra esenzioni in Padovano (1405-1688).

474. Lettere publiche scritte nel reggimento dell'ecc. Marino Tiepolo, capit. di Bressa (1650-1652).

475. Lettere publiche da Brescia (1668-1669).

476. Id. (1670-1671).

477. Id. (1725-1726).

478. Id. (1726).

479. Id. (1733).

480. Id. (1733-1734).

481. Registro lettere eccelentis, senato reggimento eccelicat. Niccolo Contarini, 2° prodesta. (Brescia, 1773-74).

482-492. Registro di lettere ai magistrati di Venezia, scritte nel reggimento di Giac. Badoer, podesta e Cap. di Treviso, e Lettre ducali (1739-1743). 11 vol.

493. Registro di lettere ai Magistrati (Bergomo, 1716-1717).

494-495. Lettere alla municipalita centrale del Basso-Po. (Ferrara, an IX). 2 vol.

496. Piano istruttivo, generale ed analitico dei prezzi d'ogni genere di fabbricazione per servire ai lavori di Casermaggio nella piozza di Ferrara. 1807. (avec 25 pl.).

497. Conto e mesura di lavori ad uso di muratore fatti nel palazzo de Ambasciatori della seren. Republ. di Venezia in Roma. 1771.

498. Priuli, Storia dell antiche Gravezze, Dadie, Janse di genti di Arme, etc. ab anno 1411 usque 1600.

499-508. Gravezze, Dadie, etc. (de la Rép. de Venise). 10 vol.

509-516. Amministrazione publica Mensuale dei Conventi soppressi. 1781-1784. 8 vol.

517. Corrieri. 1540-1739.

518. Lettere di Contarini, Capitano di Verona. 1617-18.

519-520. Affare dei Reggimenti.

521-527. Coppia di lettere militare, assumendo il servizio il Capit. Rubbi. 1802-1803. 7 vol.

528-545. Affaires des familles Badoer et Morosini (de Venise). 18 vol. ou liasses. XVIII° s.

546-561. Fouilles au palais des Césars, à Rome. Justification des dépenses. 1862-1869. 16 vol.

562. Id. Relevé du livre-journal. 1862-69.

563. Id. Relevé du grand livre. 1862-65.

564. Id. Comptes-rendus. 1862-69.

565. Id. Dépenses pour les réparations des édifices modernes au palais des Césars, et rénovation des conduits de l'eau.

566. Id. Estimation des marbres et sculptures retrouvées dans les trois pre-

miers semestres des fouilles. — Arc de Constantin. — Colonne Trajane.

567. Aristotelis, Physica, de celo et mundo, metaphysica, de generatione, metheora, de causis, de sensu, de anima, de sompno et vigilia, de longitudine vite, de juventute et senectute, de morte et vita, de memoria, de proprietatibus elementorum. Liber mineralium Avicenne. De motu cordis. De differentia spiritus et anime. Parch. XIIIe s.

568. Aristotelis, metaphysica, de anima, de sensu, de sompno, de motibus animalium, de longitudine vite, de inspiratione, de respiratione, physica, meteora. Parch. XIIIe s.

569. Aristotelis, de memoria, de signis particularibus, de bona fortuna, de lineis, de inundatione fluminum, de causis proprietatum elementorum, de progressu animalium, de coloribus, de vegetabilibus et plantis, de vita Aristotelis, de pomo sive de morte Aristotelis, de intelligentia. Metheora, de juventute, de spiritu et respiratione, de morte et vita, de longitudine vite, de motu animalium. Parch. XIVe s.

570. Aristotelis, Ethica, cum commentariis. 1486.

571. Nicolas Oresme, traduction du livre d'Aristote de cælo et mundo. Parch. XVe s.

572. Index in Aristotelem. Parch. XIVe s.

573. Id. Parch. XIVe s.

574. Ægidii de Roma, sententia super libro phisicorum. Parch. XIVe s.

575. Scoti, Quodlibeta. XVe s.

576. Disputatio prooemialis de philosophia in universum. XVIIe s.

577. Philosophia C. F. d'Abra de Raconis, Fac. theol. Paris. doctoris. — Geographia quinque partium orbis. XVI-XVIIe s.

578. Summa totius philosophiæ. — Philosophia de moribus, XVIe s.

579. Leo Bouthillier, compendium logicum ; — commentarii in universam dialecticam ; — de interpretatione ; — in libros analyticorum. 1623-25.

580. Johannicii, ysagoge ad Tegni Gallieni. — Ypocratis, aphorismi cum commento domini Constantis Affricani, montis Cassinensis monachi ; — liber pronosticorum cum commento Gallieni. — Tegni Gallieni cum commento Hali. — Ypocratis regimentum acutorum morborum. — J. Damasceni afforismi. — Phisionomia. — Parch. XIVe s.

581. Petri Padubanensis, conciliator discordiarum medicinalium. Parch. XIV-XVe s.

582. Id. XVe s.

583. Guillelmi Placentini de Saliceto, de scientia medicinali. Parch. XIVe s.

584. Avicennæ, libri sex; —Hugonis, de sapientia Christo et sapientia Christi ; — de cibo Emmanuelis, de tribus diebus ; — Prosperi, liber sententiarum ; — Isaac, de anima. Parch. XIVe s.

585-588. Avicennæ, canon primus cum expositione (Fen, 1, 2, 3, 4.). 4 vol. 1436-38.

589. Id. (Fen. 4). 1478.

590. Johannis Heben Mesuhe, liber de consolatione medicinarum solutivarum, simplicium, cum additione. Parch. XIVe s.

591. Dr Suë, Table chronologique et analytique des principaux auteurs qui ont traité de la médecine légale ; fin du XVIIIe s.

592. Coup d'œil sur la médecine ou manière de guérir les maladies (en russe). XIXe s.

593. Ptolemæus, de judiciaria astrologia, cum commentario. Parch. XVe s.

594. Guidonis Bonati de Forlinio, de pluviis et ymbribus. Parch. XVe s.

595. Algorismus, de sphera, etc. Parch. XIVe s.

596. Alberti Magni, metheora, liber mineralium. — Johannis Boccacii, de montibus, fontibus, fluviis et de nominibus maris. Parch. XVe s.

597. Buridani, metheora. XVe s.

598. Johannis de Eshilide, summe judicialis. Parch. XVe s.

599. Johannis Dumbleton, summa. Parch. XVe s. (aux armes de K. Digby).

600. Canon sexagenarius extensus ad 59. 59. juxta præcepta logistices scru-

pulorum astronomicorum. XVIe s.

601. Raby Moysis ; — Michaelis Scoti, ex dictis Aristotelis et Alpetrandi. Parch. XIVe s.

602. Orontii Finei Delphinatis, mathem, professoris, in arithmeticam Euclidis, lib. 7, 8, 9, demonstrationes. XVIe s.

603. Livre d'arithmétique. XVIIe s.

604. Observations sur la Cavalerie, par le lieutenant-colonel du Pille. XVIIIe s.

605. Règlement pour les régimens de Cavalerie du Roi, divisé en 11 parties XVIIIe s.

606. Règlement et ordonnance suivant lesquels l'infanterie impériale se conformera ; trad. de l'allemand par F. Jos. de Colins, 1737.

607. Mémoire concernant l'essai de la légion, la tactique et les évolutions. XVIIIe s.

608. Filippo Pigafetta, Trattato delle Trincee e degli approsci antichi e moderni, ded. a Ferdinando Medici, granduca di Toscana. XVIIe.

609. Ordonnances militaires, de 1559 à 1760.

610. Mémoire sur l'armée prussienne, fait en 1783.

611. Divers objets de détail militaire. 1783 (à M. le chevalier de Thumery).

612. Résumé du travail du 4e comité de la guerre. XVIIIe s.

613. Mémoire sur l'ordonnance de 1776 pour les manœuvres de l'Infanterie.

614. Ordre que doit suivre le commandant du régiment du roy pour établir et maintenir la discipline, etc. XVIIIe s.

615. Mémoire sur la localité des places du département d'Alsace et les ressources qu'on y peut trouver pour le service des vivres. Juillet 1764.

616. Ecole centrale. Cours de physique, de Péclet. 1833-36.

617. Id. Cours de chimie et analyse, de Pelouzé et Dumas. 1833-34.

618. Id. Cours de chimie appliquée, de Dumas et Payen. 1825-36.

619. Id. Mécanique et machines, par Walter St-Ange et Ferry, 1834-35.

620. Id. Machines à vapeur ; métallurgie de la fonte ; métallurgie du fer, par Thomas, Walter St-Ange et Ferry, 1835-36.

621. Id. Cours de construction, par Mary. — Chemins de fer, par Perdonnet. 1834-35.

622. Id. Cours de géologie et minéralogie. Cours d'exploitation des mines, par Perdonnet. 1835-36.

623. Dolomieu, leçons de géologie faites à l'Ecole des mines en 1796, recueillies par le général Lomet des Foucauts, et mises au net en 1812 par L. A. Chaubard.

624. Mélanges : entre autres, catalogue d'une collection de mines d'or et d'argent ; journal de l'opération du phosphore, 1772.

625. Herbier (plantes marines et autres) accompagné d'une lettre de Daniel Z. Hallman à M. le Comte d'Hérouville (1756).

626. Herbier de plantes indigènes et exotiques, recueillies par Léon Renier (1835).

627. A. Collinot, Traité d'agriculture. 1877.

628. Jérôme, Quarante leçons de choses. 1877.

629. Quintiliani, declamationes. — Georgii Trapezontii Cretensis, Rhetorica. XVe s.

630. Senecæ, tragœdiæ. XVe s.

631. Commentum in tragœdias Senecæ. XVe s.

632. Somme sur le Code de Justinien. Parch. XIIe s. (ms. provençal. Cf. Bartsch, Chrest. prov. p. 297).

633. Boetius, de consolatione philosophiæ ; — Nic. Bertoul, Lamentationes Constantinopolitanæ ; — Nicolai de Clemengis, opera varia. Parch. et pap. XVe s.

634. Expositio in Boetii Consolationem. Parch. XVe s.

635. Liber gestorum Barlaam et Josaphat, servorum Dei, editus greco sermone a Johanne Damasceno. Parch. fin XIIe s.

636. Richardi de Furnival, Biblionomia. Parch. XIVe s.

637. Tabula speculi historialis Vincentii Bellovacensis. Parch. 1405.

638. Johannis Saleberiensis, Policraticus. xv° s.

639. Martini Magistri, de fortitudine. xv° s.

640. Introductorius Abdirazazi, id est gloriosi servi, qui dicitur Alcabizi, translatus a Johanne Hispalensi. — Major introductorius Albumasar ad scientiam judiciorum astrorum. Parch. xiv° s.

641. Jean de Beuil, le Jouvencel. xvi° s.

642. Extraictz des Harangues de Thucidide. xviii° s.

643. Nic. Chippard, extractum ex Ciceronis orationibus; — ex commentariis Michaelis Aygnani Bonon, in psalmos, ex Apuleii operibus; — Tractatus ex Mareto, doctore Tholosano, de Testamentis; — Extractum ex Aristotele. 1588.

644. C. L. J. Portelette, de poematibus Gregorii Nazianzeni. 1849.

645-650. Chansons critiques et historiques. 1752. 8 vol. reliés en 6.

651. Recueil de chansons. xviii° s.

652. Recueil de vers choisis et remarquables. xviii° s.

653. Comte de Caylus, romans grecs.

654. Id. Le fourage ou les travaux d'Alix, poème en 4 chants. — Réflexions et dissertations historiques et philosophiques. xviii° s.

655. Id. Hippomène et Atalante, ou l'Indifférence vaincue. Tragédie héroïque.

656. Traité de la connaissance des hommes, divisé en trois parties. xviii° s.

657. Pièces de théatre : Stratonice ; Epiménide ; rôle du bailli dans les Trois Cousines. xviii° s.

658. Recueil de sonnets, madrigaux, rondeaux, épîtres et autres pièces de vers. xviii° s.

659. Lavergne, Le conquérant insatiable (à Mme de Beringhen). xvii° s.

660. Epître au Roy de France et de Navarre. xviii s°.

661. El Capuchino, souvenirs d'Espagne, incomplet. xix° s.

662. Keleffa, tragedia. xviii° s.

663-666. Alcibiade di Meissner, recato dal tedesco nell'idioma italiano da Michel Angelo Arcontini. 4 vol. xviii° s.

667. Diana de Castro, storia galante spagnola. — Il trionfo della vera amicizia, storia galante. xviii° s.

668. La fuggitiva della Foresta, ossia La donna fortunata nelle disgrazie, originale inglese, trad. dal francese. xviii° s.

669. Novelle, novelette ; note storiche. xviii° s.

670. Sentenze cavate da diversi autori. xviii° s.

671. Ristretto della storia Veneta ; Storia di Pietro il grande ; Storia di Carlo XII. xviii° s.

672. Descrizione di alcune statue che si trovano in Italia. — Storia della pittura ; delle gazzette. — Diamanti celebrio rari. — Aneddoti di storia ; note di geografia. xviii° s.

673. Cours de langue anglaise. xviii° s.

674. [P. de Montempuys], Description des heures manuscrites et enluminées (135 miniatures) xviii° s.

675. Catalogus bibliothecæ Nosocomii Insanabilium. xviii° s.

676. Le Navetier, Catalogue des livres de l'hôpital des Incurables, légués par Philippes Despont. 1701.

677. Catalogue des livres du cabinet de M. le comte de Surgères. 1761.

678. Même sujet. 1761.

679-684. Catalogue de la bibliothèque de Ph. Lebas. 6 vol. xix° s.

685. Fragments de divers catalogues.

686. Fragments de divers mss. in-f°, principalement des feuillets trouvés dans des reliures.

687-688. Recueil de thèses présentées à la Faculté de théologie de Paris xix° s.

PETIT FORMAT.

689-692. Recueil de thèses présentées à la Faculté de théologie de Paris. xix° s.

693. Epistolæ canonicæ septem, cum glossis. — Actus apostolorum cum glossis, præsertim Rabani, Bedæ, etc. Parch. XIIIe s.

694. Traduction française des Psaumes, avec commentaire. XVIIe s.

695. Summaria Bibliorum. XVIe s.

696. De canone sacrarum scripturarum. XVIIIe s.

697. Eclaircissement sur l'histoire et sur les principales difficultés de l'ancien Testament. XVIIIe s.

698. Prolegomena in scripturam sacram. XVIIIe s.

699. Exposition du cantique des cantiques. XVIIe s.

700. Explications des prophètes. XVIIIe s.

701. Collecta ex Harduino ad Testamentum. XVIIIe s.

702. Meditations sur l'évangile. XVIIe s.

703. Explication de l'Apocalypse. XVIIIe s.

704. Diurnale romanum. Parch. XVIIIe s.

705. Missale ad usum Collegii Laudunensis. Parch. XIVe s.

706. Modus consecrationis electi in episcopum, extractus a pontificali Romano. Parch. 1752.

707. Preces ad usum Collegii Dormanno-Belloyaci. Parch. XVIIe s.

708-709. Thomassin, Traité des Conciles. XVIIIe s. 2 vol.

710. Mélanges sur la bulle Unigenitus, la chimie, l'histoire de France, etc. XVIIIe s.

711. Théologie du P. Desmars. XVIIIe s.

712-713. Tractatus theologici. 2 vol. XVIIe s.

714. Dissertations théologiques. XVIIe s.

715. Pièces diverses de théologie. XVIIe s.

716. Tractatus de Deo uno et divinis attributis, a D. Guischard, Reg. Navarrae moderatore. XVIIe s.

717. Tractatus de adoranda sanctissima Trinitate, a D. Guischard. 1684.

718. Tractatus de Deo et divinis attributis, 1659.

719. De Trinitate et angelis, 1660.

720. Tractatus de incarnatione et de Ecclesia. XVIIe s.

721. Tractatus de incarnatione. XVIIe s.

722. Tractatus de gratia, a D. Rescot, prof. theol. 1633.

723. Tractatus de gratia. XVIIe s.

724. Tractatus de gratia, auctore Sainte Beuve, professore regio. 1651.

725. Traité théologique sur la différence de la grâce de deux Etats. XVIIIe s.

726. Tractatus de vera Christi ecclesia.

727. Tractatus de ecclesia.

728. Tractatus moralis de virtutibus, Guillermi Peraldi. Parch. XIIIe s.

729. Tractatus de sacramentis, a M. Grandin. 1653-55.

730. Montempuys, de pœnitentia. XVIIIe s.

731. Sur le sacrement de mariage. XVIIIe.

732. Id. XVIIIe s.

733. Compendium de sacramentis. XVIIe s.

734. De sacramentis. XVIIe s.

735. Traité des sacrements. XVIIIe s.

736. Des sept sacrements ; traduit de Carranza. XVIIe s.

737. Nic. Petitpied, sur les sacrements de la Confirmation, de l'Extrême-Onction et de l'Ordre. XVIIe s.

738. Tractatus de sacramento Confirmationis. XVIIIe s.

739. Eustace, Examen des différentes manières dont on peut expliquer la transsubstantiation et la substance réelle. XVIIIe s.

740. D. Gillot, Tractatus de pœnitentia. XVIIe s.

741-742. De pœnitentia. XVIIe s.

743. Tractatus de sacramento Ordinis, a D. Le Maitre. 1661.

744. Jacobi de Voragine, sermones dominicales. Parch. XVe s.

745. Jacobi de Voragine, sermones secundum festa annualia. Parch. XVe s.

746. Jacobi de Voragine, sermones

quadragesimales et cotidiani. Parch. xvᵉ s.

747. Magistri Petri ad Boves, sermones de dominicis et sanctis. Parch. xvᵉ s.

748. Magistri Vincentii, O. P., sermones dominicales et de sanctis. Parch. xvᵉ s.

749. Guillelmi Lugdunensis, sermones. xvᵉ s.

750. Henrici de Vrymaria, sermones xvᵉ s.

751. De homine curando libri III. Adaptationes omnium sermonum de diviuis feriis et sabbatis et super commune omnium sanctorum. — Alphabetum narrationum. xvᵉ s.

752-753. Sermons divers, la plupart du P. Lingendes. xviiᵉ s. 2 vol.

754. Sermons divers, xviiiᵉ s.

755. Sermons et exordes divers. xviiiᵉ s.

756. Extrait d'un traité sur l'oraison dominicale. xviiiᵉ s.

757. Lettres spirituelles à l'usage de Sʳ Marie-Magdelaine et du St Sacrement. xviiiᵉ s.

758. Bossuet, Lettres spirituelles. xviiiᵉ s.

759. Réflexions sur le péché. xviiᵉ s.

760. Doutes sur la religion, dont on recherche l'éclaircissement de bonne foy, 1764. — Doutes sur les religions, traduits de l'anglais. 1739. — Examen critique du nouveau Testament. 1755.

761. Traité des trois imposteurs, trad. du latin par J. L. R. L., à Francfort. L'es... de Sp***. — Lyons, l'infaillibilité du jugement humain. — Sur le messie. xviiiᵉ s.

762. Fréret, Lettres de Thrasybule à Leucippe. 1745.

763. Examen critique des apologistes de la religion chrétienne. 1754.

764. Recueil de traités et discours de Nicole. xviiᵉ s.

765. Relation de ma sœur Madelaine de S. Candide (et d'autres sœurs) xviiᵉ s.

766. Écrits de Port-Royal (Arnaud, P. Quesnel, de Sacy, Hamon). Vies de plusieurs religieuses. xviiiᵉ s.

767. Recueil de pièces concernant Port-Royal. xviiiᵉ s.

768. Recueil de diverses lettres sur les affaires de l'Eglise (la plupart de Dom Thierry de Viaixnes, bénédictin de la Congrégation de St-Vanne). xviiiᵉ s.

769. Nécrologe de divers couvents d'Ursulines (imprimés et mss.) xvii-xviiiᵉ s.

770. Vie de la vénérable mère Marie Anne de Jésus, espagnole, compagne et fille de Ste Thérèse, fondatrice de la *réforme en France, tirée de son ancien* gaulois. 1719.

771. Sur le formulaire, par rapport aux religieuses de Port-Royal : xvii-xviiiᵉ s.

772. Abrégé des vies des religieuses Carmélites du couvent royal de Ste Thérèse. xviiiᵉ s.

773. Relations sur la mère Marie Angélique Arnauld. xviiiᵉ s.

774. Décision d'un cas de conscience touchant le nouveau Testament, publié à Mons xviiᵉ s.

775. Examen de la justification du P. Quesnel. xviiiᵉ s.

776-777. Nécrologe de l'abbaye de Port-Royal des Champs (imprimés et mss.) xviiiᵉ s. 2 vol.

778. Notes et extraits de gazettes (d'une main janséniste). 1664.

779. Sept pièces relatives aux Jansénistes. xviiiᵉ s.

780. De historia ecclesiastica (de Conciliis) xviiiᵉ s.

781-782. Histoire ecclésiastique, tomes V et VI (1 vol.) 1639-1662.

783. Remarques sur l'histoire ecclésiastique de Fleury. xviiiᵉ s.

784. Registre des délibérations capitulaires de l'abbaye royale de St Jacques de Doüe. 1752.

785. Instruttione data all'Emin. Cardinale Ginetti, legato a latere mandato dalla Santita di N. S. Urbano VIII al Congresso di Colonia per trattare la pace universale nel Christianesimo.

786. Conclave dei Pape Innocentio IX, Clemente VIII, Leone XI, Paolo V, Gregorio XV, Urbano VIII. Restretto delle attioni del Conclave.

787-788. Pièces (en italien) sur les Papes, les Cardinaux et les Conclaves (2 vol.) xviiie s.

789. Guidonis de monte Rocherii, manipulus curatorum. — Officii missæ sacrique canonis expositio. xve s.

790. Alredi, abbatis Ryevallis, de institutis inclusarum.—Petri Cluniacensis, de institutis inclusarum. —Liber viarum Dei. — Visio Elisabeth. — W. de Rymyngton de Salley, cancel. Oxon. sermo in synodo Eboracensi, anno 1373. — Parch. 1373.

791. Regula et martyrologium fratrum ordinis beatæ Mariæ de monte Carmeli. 1361.

792. Breves juris canonici Institutiones. xviiie s.

793. Bernardi, causæ Decretalium. Parch. xiiie s.

794. In decretales.— Juris emphiteutici tractatus (ex doctore C. Cabotio Tholosano, in scholis pontificiis). xvie s.

795. In librum quartum Decretalium recitationes, a J. Cujacio. xviie s.

796. Recueil de pièces imprimées et manuscrites sur la Régale. xviie s.

797. Recueil sur la Régale. xviie s.

798. Des grands vicaires et Officiaux. xviiie s.

799. Des censures. xviiie s.

800-801. Pièces diverses sur le Jansénisme. xviiie s.

802. Réponse à ce qui est dit du Père La Combe et d'une dame dans la vie de M. Jean d'Aranton, composée par le R. P. Innocent Le Masson, général des Chartreux. xviiie s.

803. Theologiæ collectiones variæ (sous forme de dictionnaire). xvie s.

804. Pour prouver qu'il n'y a point d'ignorance invisible de la loy naturelle.— xviiie s.

805. Traité de l'État de pure nature. xviiie s.

806. Montempuys, de mysterio sanctæ trinitatis. xviiie s.

807. Montempuys, «Journal des contradictions que j'ai eû à soutenir sur ma Philosophie, de la part de personnes de la maison de Sorbonne, depuis l'année 1704 jusqu'en l'année 1707.»

808. Montempuys. De virtutibus theologicis xviiie s.

809. Id. De peccatis et vitiis xviiie s.

810. Extrait du ms. intitulé : observation sur le procès-verbal de l'assemblée tenue en l'Archevêché de Paris aux mois de mars et de mai 1681.

811. Tractatus de gratia. xviiie s.

812. Ethica sive moralis. xviiie s.

813. Sur quelques saints du diocèse d'Auxerre (mars et avril). xviiie s.

814. Il padre san Benedetto con l'esposizione del R P. Rogiero di Barletta, transcritto dall' esemplare stampato l'an 1537 in Bologna. 1761.

815. De l'excellence de l'état ecclésiastique. xviiie s.

816. Abrégé chronologique de l'histoire universelle. xviiie s.

817. Mémoire sur la Dacie antique. xixe s.

818. P. Rosa, Osservazione sulla Villa Tiburtina di Adriano. xixe s.

819 - 836. Œuvres de Borghesi. Epreuves portant des corrections de la main de L. Renier, Mommsen, Heuzey, Desjardins. 18 vol.

837-840. Fasti consulares. Epreuves corrigées par L. Renier et E. Desjardins — 4 vol.

841. Recueil de diplômes militaires. Epreuves corrigées par L. Renier.

842-844. Pièces diverses relatives à la publication des œuvres de Borghesi.

845. Masqueray, Ruines anciennes de Khenchela (Mascula) à Besseriani (ad Majores).

846. — Id. Mission dans l'Aures.

847. Communications diverses faites au Comité des travaux historiques. 1875-1878.

848. E. Vincent, Fouilles opérées à Aïn-Kébira (prov. de Constantine). 1877.

849-867. Inscriptions romaines de l'Algérie. Fiches ayant servi à la publication de L. Renier. 19 liasses.

868-904. Inscriptionum antiquarum latinarum index absolutissimus. Commencé par Seguier, continué par Noel Desvergers. 37 vol.

905. Mommsen, des tribus romaines ; trad. française.

906. Id. Constitution des villes latines, id.

907-909. Id. Magistratures romaines, id. 3 vol.

910. Id. Les libri coloniarum, trad.

911. Id. Sacerdoces romains, trad.

912. Voigt, Constitution et rescrits épigraphiques, trad.

913. Marquardt, Provinces romaines, trad.

914. Becker, Les Comices à Rome ; trad. par Ch. Morel.

915. Philibert Bouché de Cluny, Dissertation sur le pays des Voconces. 1799.

916-919. Tables du Corpus insc. græcarum, par Boeckh. 4 vol.

920-921. Lebas, Monuments d'antiquité figurée. 1837 (avec notes mss. de Lebas). 2 vol.

922. Lovet, Recueil d'arrêts notables. XVIIe s.

923. Chartes, édits, déclarations, etc. touchant les monnaies, depuis Hugues Capet jusqu'en 1691.

924. Figures des monnaies de France et étrangères. Remarques de leurs poids et titres (Imprimé 1619 et ms.).

925. Sur les monnaies. XVIIe s.

926. Id. XVIIe s.

927. Ordonnances pour les officiers des monnaies (1306-1580).

928. Chassebras, Pièces relatives à la monnaie des médailles. XVIIe s.

929. Mémoires et extraits d'auteurs (Blasons, généalogies, histoire de France). XVIIe s.

930. Chassebras, Noms des prévots échevins, quartiniers et artisans de Paris. XVIIe s.

931. Bernardi Guidonis, Chronica abreviata regum Francorum. 1481. — Abrégé des faits de la chronique faicte par Guillaume de Naugis. — Philippe le Bel.

932. Histoire de la pairie en France. XVIIe s.

933. Recueil de pièces (traités de paix de Madrid, 1526, et de Cambray 1529 ; arrêts du parlement ; harangues ; remarques de droit civil) XVI-XVIIe s.

934. Plaidoyers pour le duché de Nemours. XVIe s.

935. Plaidoyers pour les duchés de Nemours et de Bourbon. XVIe s.

936. Cadastre ou Estime générale des biens de Fayt la Triouleyre, par J. Roche de Mœrcœur. 1713.

937. Extrait des actes et registres de la Cour, du mandement de Fayt la Triouleyre. 1604 et suiv.

938-940. Extraits et jugements relatifs à l'histoire. 3 volumes. — t. II : histoire profane ; — t. III : Extraits et jugements ; — t. IV : Histoire ecclésiastique. XVIIIe s.

941. Histoire du Nouvel empire d'Occident (extrait de M. Heiss). — Mélanges sur la bulle Unigenitus. XVIIIe s.

942-943. Introduction à l'histoire de plusieurs États de l'Europe. 2 vol.

944. Relazione summaria delle nuove del Giappone, China, etc. 1623. (suivie de Mélanges sur l'histoire d'Italie).

945. Boccacius, de viris illustribus. XVe s.

946. In Pandectas de legatis et fidei commissis. XVIe s.

947. Mémoire sur les ordonnances en général. XVIIIe s.

948. Miscellanea (Plaidoyers pour et contre le roi de Navarre ; Remontrances du prince de Condé à la Reine ; arrêts du Parlement, etc.) XVIe s.

949. Idem. (Anecdotes historiques) XVIIe s.

950. Collectiones variæ (Notes de droit civil et criminel). XVIIe s.

951. Tractatus juris. XVIIe s.

952. G. de Chassebras, Pièces relatives à son office à la cour des monnaies. (1665-1672).

953. Extraits des registres de la cour des monnaies. Peinture de la Cour des Monnaies, en janvier 1666. — Sur la transmutation des métaulx, etc. XVI-XVIIe s.

954. Recueil de pièces relatives aux monnaies (monnoyes des barons et prélats de France).

955. J. Bignon, Préséance des rois de France. XVIIIe s.

956. Le Laboureur, Histoire et origine de la Maison de Lorraine. XVIIIe s.

957. Mémoire sur la Maison de Lorraine. XVIIe s.

958. Mémoire sur la généralité de Bordeaux. 1700.

959. Pièces concernant l'hopital du St-Esprit de Coutances et l'ordre du St-Esprit en général. XVIIe s.

960-961. Lettres de Louis XIV (1661-1668). 2 vol. XVIIIe s.

962. De l'établissement et de la police des écoles. — Défense d'employer les Jésuites pour prêcher ou enseigner, 1732. (relié à la suite de l'imprimé : Factum pour l'Université, 1689).

963. Essai de règlement pour faire avec fruit une école chrétienne, 1743.

964. Mélanges sur l'Université. XVIIIe s. (entre autres : pièces sur les lettres patentes concernant le Collège de France). Controverse par l'abbé Le B. et l'abbé Goujet. — *Mémoire pour l'Université* (contre le Collège de France). Avis des Députés de la Nation de Picardie sur l'aggrégation du Collège de France à l'Université).

965. Mélanges sur l'Université, le Collège Louis le Grand et les Jésuites. XVIIIe s.

966. Titres relatifs au Collège d'Autun à Paris. Parch. XVe s.

967. Liber missarum ordinarium thesauri Collegii Magistri Gervasii. 1541-1569.

968. Rationes mag. Joh Huberti (Collège de maistre Gervais). 1555-1556.

969. Inventarium litterarum pertinentium Collegio Mag. Gervasii. Parch. XV-XVIe s.

970. Recueil de pièces relatives au Collège du Plessis du Mont de Paris. XVIIe s.

971. Livre contenant tout ce qui regarde la chapelle du Collège du Plessis-Sorbonne. 1738-1750.

972. Bertrand-Dupuy, Supériorité de la Sorbonne sur la Communauté de Ste-Barbe. XVIIIe s.

973-974. Une partie de la production de M. Fouquet contre celle de M. Talon. XVIIe s. 2 cahiers.

975. Pièces imprimées et manuscrites du procès de la Maison de Créquy, contre les sieurs Lejeune, usurpateurs des nom et armes de Créquy. 1781.

976. Journal de mes campagnes. 1742-1745.

977-980. Correspondances de Quengo, marquis de Crenolle, maréchal de camp, avec les régiments de Béarn et de l'Ile de France (1766), avec le régiment de Bretagne (1768-1769), avec le ministre de la guerre(1766-1779). 4 vol.

981-984. Inspections de Quengo, marquis de Crenolle, en 1782, 1783, 1784 et 1785. 4 volumes.

985-989. Affaires particulières du même : 1766-1769 ; 1769-1771 ; 1775-1776 ; 1776-1777, 1777-1779. 5 volumes.

990. Historiæ universalis epitome chronologica. XIIIe s.

991. Synopsis historico-chronologica. XVIIIe s.

992. Miscellanea historica, a patre Leone a Sto Elia, Carm. disc. XVIIe s.

993. D. Antoine de Mendosa. Traité des titres et des grands d'Espagne, trad. en français par M. Dumont, seigneur de Holore, colonel. XVIIIe s.

994. Discurso politico-commerciante sobre el preciso abandono del puerto de Barcelona (avec carte). XVIIIe s.

995 Foscarini, Relazione dell' origine della reale casa di Savoya. XVIIIe s.

996. Etat des rentes de S. M. le roi de Sardaigne, ou impôts ordinaires et extraordinaires. 1766.

997-998. L'abbé Carré, Le courrier du Roi en Orient. Voyage de Surate à S. Thomé. Etat présent de l'Orient. Retour en France par terre. 1674. 2 volumes.

999. Revenus de l'empire Ottoman ; milices qui composent ses armées. XVIIIe s.

1000. Traité de la sphère et géographie politique (avec pl.) XVIIIe s.

1001. Traité de la sphère. XVIIIe s.

1002. Traité de géographie, par le s^r d'Hannonville.

1003. Voyage en Italie, par le P. Antoine, capucin. 1702.

1004. R. P. Fequier, Theologia moralis. 1638. — P. Cornuti de contractibus. Biturig. 1639 (cahier de L. Gasillon).

1005. Remarques du droit civil. Catalogue de la Bibliothèque de Chassebras. XVIIe s.

1006. Explicationes Institutionum Justiniani, a D. Bocager. 1674.

1007. Commentarius in libros Institutionum. XVIIe s.

1008. Autorités à consulter sur différentes matières de droit criminel, par Henri Boudet. XVIIe s.

1009. Conférences et détails d'administration de l'Académie royale de peinture et de sculpture. 1747.

1010. Miscellanea (armoiries, droit civil, prononciation de la langue allemande. Comm. du XVIIe s.

1011. Florilegium (sous forme de dictionnaire latin), précédé d'un conte en vers français. XVIIIe s.

1012. Recueil de pièces diverses, commençant par l'Ecole du monde (apologie du cardinal de Bouillon ; abrégé de la sphère, remarques de morale, etc. etc) XVIIIe s.

1013. Recueil de pièces diverses, commençant par un article sur Abélard (anecdota, en français) XVIIIe s.

1014. Della Rellazione della Ser^ma Republica di Venezia, fatta dall' Illmo D. Alonso della Cueva, Ambas. ordin. in Venezia per il re di Spagna. 1619.

1015. Compendio historico dei successi piu remarcabili della Rep. di Venezia dall' historia di Al. M. Vianoli.

1016. Suppliche, Parti ed origine delle famiglie aggregate alla Nobilta Veneta. 1646-1718.

1017. Suppliche, e Decreti dell' Ec^mo Senato in occasione che furone aggregate alla nobilta Veneta le famiglie nove nel tempo della guerra di Candia. 1646 1665.

1018. Placito presentato alla ser. Signoria ed al suav^mo Gius^mo Consiglio. XVIIIe s.

1019. Constitutioni dell' Illmo A. Grimani per la disciplina monacale nel 1592 et confirmata dall' Illmo Monsign. Conte M. A. Martinengo. 1676.

1020. Opinione del Padre Fra Paulo, servita, consultor di stato, in qual modo dove governarsi la Rep. di Venezia. 1515. (copie).

1021. Della militia maritima al Mag. M. Nicolo Gabriele. Libro II. XVIIe s.

1022. Instrumento di capital di lire 400 in raggion di 5 1/2 per cento, debitor il Sign. Pietro Podevini. 15 sett. 1716.

1023. Pratica criminale. XVIIIe s.

1024. Liste, par ordre alphabétique de matières, des lois et décrets depuis la Révolution jusqu'en 1823.

1025. Lettres adressées au P. Sébastien Truchet.

1026-1027. Lettres diverses, adressées, pour la plupart, au R. P. Doucin.

1028-1029. Notes et opuscules du R. P. Doucin. 2 vol.

1030. Mélanges sur la famille Boisgelin, les généalogies et le droit civil. XVIIIe s.

1031. Avicenna, de animalibus, a Mich. Scoto translatus ; — de viribus cordis, a mag. Arnaldo Barchilone translatus. — Translatio canticorum Avicennæ cum commento Averroys, a mag. Armengaudo Blasii de Montepessalano mag. in medicina (an. 1294). — Liber Avenzoar de regimine sanitatis (transl. an 1229) — Rabi Moysis Cordubensis tractatus de medicinis contra venena, transl. Baschinone a mag. Ermengaldo Blasii in honore summi pontificis Clementis V, an. 1305. Parch. XIVe s.

1032. Thomæ Aquinatis super physicam Aristotelis ;— tractatus de principiis individuationis. — Avicennæ sextus liber de naturalibus transl. a mag. Gerardo Cremonensi. — Aristotelis Yconomia. Parch. XIVe et XVe s.

1033. Commentarius in octo libros

physicorum Aristotelis, manu P. Delonda. 1448.

1034. Opusculum ad lucidam declarationem lecture libri noni Rasis ad Almasorem. — Johannis de S. Amando areole Parch. et pap. xv^e s.

1035. Ægidius Romanus, de regimine principum. Parch. xiv^e s.

1036. G. de Mandagoto, super electionib s. Quædam bullæ pontificum Johannis XXII, Benedicti XII, Martini V, Eugenii IV. — Pragmatica sanctio Caroli VII (1438). — Exceptiones canonicæ. — Jacobi de Therano, archid. aversani et canonici Aprutini, Bonifatii VI cubicularii, Patratorium consolatio vel Belial. — Novus formularius. — Universitatis Paris, karta testimonialis (1460) xv^e s.

1037. Guidonis Bonati, de significatione XII domorum et de significatione planetarum ; — de generatione. — Liber de crepusculis. — De floribus Albumazar. — Zodiacus. — Canones signorum et planetarum qui dicuntur Alfagnanus. — Johannis Veschnide (sic) condam socii aule de Mercon in Oxonia, de significatione mag. Saturni et Jovis, etc. — Alkindi, liber de pluviis et ventorum mutatione. — De introductionibus astrologiæ, etç. xve s.

1038. Spinosa, Ethique, partie première. xviiie s.

1039. Montempuys, Philosophia moralis. xviiie s.

1040. V. Cousin, Histoire de la philosophie (cours professé à la Fac. des Lettres en 1819-1820, rédigé par le Comte Duchâtel).

1041. Jouffroy, Leçons de morale (de la main du Comte Duchatel).

1042-43. Cursus philosophicus. 2 vol. xviiie s.

1044. Cursus philosophicus, a D. Vitasse, bacc. Sorbon., tradita in Monte acuto. 1687.

1045. Epitome philosophiæ xviiie s.

1046. Compendium philosophiæ Aristotelicæ. xviii^e s.

1047. Compendium philosophiæ, a D. de Vaubrun, in Justitia. 1687.

1048-49. Institutiones philosophiæ. 2 vol. xviiie s.

1050. Metaphysica et Physica, a Cl. Flamand, in Marchiano, 1687.

1051. Pneumatologia et geometria, a prof. D. Moreau, in monte Acuto. 1739.

1052-53. Bertarldi, Logica, Moralis et Metaphysica. 2 vol. xviie s.

1054-55. Physica. 2 vol. xviie s.

1056. La vérité hermétique ; — le philosophe Solidonius ; — traité de la manne du ciel par le rabin Hallkenky ; — explication de quelques métamorphoses du grand Olympe. xviiie s.

1057. Recueil concernant la chimie et l'alchimie, xviiie s.

1058. Probier Euoilem Auft alle Metall, etc. (copie d'un imprimé). 1707.

1059. Principes de chirurgie. xviiie s.

1060. Legrand, Lectiones physicæ. 1788.

1061-64. In universam Aristotelis philosophiam commentarius. 4 vol. 1683.

1065. La cavalle Juifve et chimique. — Questions et réponces d'Agricola et Philalecte, tirées du *Vade mecum* des philosophes. xviiie s.

1066. Cours de chimie, ou les préliminaires de la chimie en général. xviiie s.

1067. Rouelle, leçons de chimie. xviiie s.

1068. C. Stephani und J. Liebeault, Viele Auss-erlesene und Zehr Bewehrte Artze neü Mittel aus dem Acker-Bau oder so genanten Bauren Gauss. xviiie s.

1069. Extraits des leçons de minéralogie de M. Sage. xviiie s.

1070-44. Procédés du règne végétal et du règne animal. xviiie s.

1071. Mathematica ; Tractatus de vario mundi systemate. — Architectura militaris. — De optica. — Praxis describendorum horologiorum (fig.). xviiie s.

1072. Selecta ex omni genere mathematum elementa. xviiie s.

1073. Elementa geometriæ, tum specularis, tum practicæ. xviiie s.

1074. Alphabet de la géométrie. 1641.

1075. Sauveur, abrégé de méchanique (nombreuses pl.) XVIIIe s.

1076. F. Nachlegall, l'enseignement de la gymnastique à l'usage des professeurs de l'Ecole de cavalerie et d'infanterie (en danois). 1805.

1077. Dr Sabatier Desarnauds, Tout est Dieu.

1078.— De la civilisation des campagnes ; dialogues philosophiques et agricoles. XIXe s.

1079. Cours de stéréographie pratique ou de dessin géométral, linéaire. XIXe s.

1080-81. Roussel, physica data a. 1762 in collegio Mazarinæo. 2 vol.

1082. Prima pars philosophiæ : logica. XVIIIe s.

1083-85. Philosophia data in collegio Mazarinæ anno. 1763. 3 vol.

1086. A. François, cahiers du cours de philosophie professé au collège Henri IV. (M. Mauger, professeur) 1819-1820.

1087. Their seaventh assertion, etc. (Ms. anglais sur le Pouvoir). XVIIIe s.

1088. Bouillier, De la certitude morale.— Sur l'âme des bêtes. XVIIIe s.

1089. Luigi Careno, Saggio sulla maniera d'allevare i bambini a mano 1793.

1090. Notes de mathématiques ; sciences naturelles, etc. XVIIIe s.

1091. Cahier de physique, métaphysique, logique, morale (en latin) 1710.

1092. Dictionnaire d'art militaire.

1093. Marcello Marchesi, vescovo di Segna, dell'arte del combattere specialmente contra Turchi, libro V : dell'ordinanza (copie du Vatic. Reg. Suec. n° 2031). XVIIIe s.

1094-95. Commentarii in Aristotelis philosophiam. 2 vol. XVIIe s.

1096. In octo libros physicorum Aristotelis (suivi de la Thèse in f° d'Henri Garnier. 1628).

1097. In libros Aristotelis de ortu et interitu. — Breviarium arithmeticæ praticæ in numeris integris. — Tractatus de sphæra. XVIIe s.

1098. Principes de physique. XVIIIe s.

1099. Ad octo libros Aristotelis de hysico auditu.

1100. Charles Thurot, notes sur Aristote.

1101. Id. Extraits de divers auteurs, sur la mécanique.

1102. Aristotelis de natura, de cœlo, de mundo, meteorologica, édition de Paris, 1567, avec notes mss.

1103. Mêmes traités (Paris, 1554) avec notes mss.

1104. Aristotelis meteorologica, etc. Paris 1552-1540), avec notes mss.

1105. Ejusdem ad Nicomachum, de moribus, politica.— Aristotelis et Xenophontis œconomica (Paris, 1540), avec notes mss.

1106. Aristotelis ad Nicomachum (Paris, 1584), avec notes mss.

1107. Theophrasti, de notis morum, Angelo Politiano interprete (et 19 autres plaquettes, Paris, 1563-1582), avec nombreuses notes mss.

1108. Le Koran (en caractères neskhi, avec quelques notes marginales arabes et persanes).

1109. Dictionnaire telongou.

1110. The Psalmels of David, donne into english verse, by Philip Sydney Knight. XVIIe s.

1111. Réflexions sur la République de Lacédémone de Xénophon. XVIIIe s.

1112. Onosandri Strategeticus, Nic. Rigaltius publ., latine interpr. Paris, 1598, 4°, avec la trad. latine manuscrite de Sagundinus, sur vélin. XVe s.

1113. Traduction nouvelle des Epîtres d'Horace et du 6e liv. de l'Enéide, par M. l'évêque du Puy et M. le Premier. XVIIIe s.

1114. Traduction nouv. des Odes d'Horace, du 1er livre de l'Eneide et des Harangues de Cicéron contre Catilina, par les mêmes. XVIIIe s.

1115. Odarum libri Psalmi (en vers latins). XVIIe s.

1116. Alexandri de Villa Dei, Doctrinale, cum scholiis ; parch. XIIIe s.

1117. Id. Copie de Charles Thurot, avec notes mss.

1118. Extraits des discours de Cicéron, XVIIIe s.

1119. Notes et explications en latin

sur quelques oraisons de Cicéron, a domino Grangerio. 1613 (avec plusieurs pièces imprimées).

1120. Id. relié avec le Contexus syntaxeos de Despautère, 1608).

1121. Ciceronis, de Oratore, édition de Paris 1540. avec notes mss.

1122. Ciceronis in Catilinam invectiva 4e.— Selectæ præceptiones. — Selectæ poetarum sententiæ. — Isocratis Nicocles.— Virgilius, Æneidos lib. I. — Francisce Samnon, 3de scholæ in regia Navarra prœceptoris, themata. — Une scène de l'Amphitryon de Plaute. Cahier de classe de Cl. Des Carrières. 1680.

1123. Oraison pour Cæcina. trad. avec introd. et notes. XVIIe s.

1124. Oraison pour P. Quintius, trad. introd. et notes. XVIIe s.

1125. Oraison contre Q. Cælius Niger, que l'on nomme Divination. XVIIe s.

1826. Oraison pour C. Rabirius Postumus. XVIIe s.

1127. Apollonius et Philemon, thebæi martyres : tragœdia sacra. 1640.

1128. Præcepta dictionum in quolibet dicendi genere. — In mortem Christi Epicedium, etc. (comédies en vers latins) XVIIe s.

1129. Institutiones oratoriæ.— Traité de rhétorique, avec un extrait de Buchanan (De elementis geographiæ). XVIIe s.

1130. Préceptes de rhétorique du P. Jacquin. prof. à l'Acad. de Juilly. 1737.

1131. Recueil de vers latins et français par Le Noir. XVIIe s.

1132. Poésies de Frédéric II de Prusse. XVIIIe s.

1133. Pessos fugitibos de Moussu Vales Ounganassos Ritou de Montéhé, poéto gascou.

1134. Caroli Bovelles, epistolæ — La vie de Ste-Catherine (en vers français). XVIe s. (relié à la suite des quæstiones theologicæ, imprimé 1512).

1135. Théâtre du Président Hénault.

1136. Contes et poésies diverses de Caylus.

1137. Chansons en vaudevilles pour servir à l'histoire anecdocte de 1600 à 1679.

1138. Chansons du temps. XVIIIe s.

1139. Les fourrages ou les Travaux d'Alix, poëme en 4 chants (du comte de Caylus).

1140. Recueil de 12 pièces de théâtre (Silvie, Le Jaloux, L'humeur, l'Avantage de l'esprit, la comédie bourgeoise, les âges, le confident, la maison culbutée, etc.) XVIIIe s.

1141. Les amours de Mlle de Montpensier avec le duc de Lauzun ; l'aigle, le moineau et le perroquet, etc. XVIIIe s.

1142. Contes et allégories. XVIIIe s.

1143. Epiménide, Histoire grecque. XVIIIe s.

1144. Réflexions sur la flatterie ; — sur l'origine et les défauts des gouvernements XVIIIe s.

1145. Poésies diverses. XVIIIe s.

1146-47. Mémoires du Comte de Caylus, écrits par lui-même. 2e et 3e parties. XVIIIe s.

1148. Le même ouvrage, complet. XVIIIe s.

1149. Caylus, Dissertations et poésies diverses.

1150. Id. Suite d'Acidalis et Zélide.

1151. Id. Vie de l'Hercule grec, projettée en tableaux. XVIIIe s.

1152. Id. Mélanges sur les beaux-arts. Vie des peintres et des sculpteurs. XVIIIe s.

1153. Id. Mémoires archéologiques. XVIIIe s.

1154. Id. Contes de fées. XVIIIe s.

1155. Id. Mélanges. XVIIIe s.

1156. Lettres de J.-J. Barthelemy à Caylus, avec un appendice par Serieys. XVIIIe s.

1157. Caylus, Liradi ou les inconvénients de l'humeur, nouvelle espagnole. XVIIIe s.

1158-1160. Id. Le jugement de Paris. 3 vol. XVIIIe s.

1161. Id. Chansons. XVIIIe s.

1162. Id. Contes et vers. XVIIIe s.

1163. Id. Trop est trop. Conte terriblement moral. XVIIIe s.

1164. Id. Nouveaux contes de fées. XVIIIe s.

1165. Get, professeur au Collège de Chaalons, Plaidoyer de rhétorique. — Pièce de vers des prix de 1772 et 1773.

1166. Pièces de vers sur les sacrements. XVIIIe s.

1167. Suard, notes sur l'Imitation.

1168. Henrici Valesii, notæ in auctores græcos et latinos. XVIIIe s. — Indicem confecit Hase.

1169. Symmachi epistolæ, édition de Paris, 1604, avec la collation d'un ms. de S. Eloi d'Arras, faite par Baluze en 1705.

1170. Mélanges relatifs aux auteurs classiques : collation partielle du ms. de Phèdre qui était à Reims faite par Denys Roche en 1663 (Voy. Rev. de philologie, 1884, p. 81). Fragments de Gloses sur Claudien (Voy. ibid. 1887, p. 81).—Huit pages d'observations sur Cornélius Nepos, par K. Halm.— Fragments divers trouvés dans les reliures.

1171. Justin, ed. Wetzel, avec notes mss. de Dübner.

1172-73. Plaute, ed. Schneider, avec notes mss. de Dübner.

1174. Térence, édition Tauchnitz, avec notes mss. de Dübner.

1175. Horace, ed. Heindorf, avec notes mss de Dübner.

1176.— Horace, ed. de Halle et Berlin, 1816, avec notes mss. de Dübner.

1177. J.-V. Leclerc. Lysis, poème. — La veillée de Vénus (pervigilium Veneris), hymne, 1813.

1178. Extraits, remarques et collections ; (entre autres de poésies en français et en italien ; de fragments de comédie, peut être de l'émigré Vassé).

1179. A. François, Devoirs de la classe de rhétorique au collège Henri IV (1817-1818).

1180. Devoirs de classes (cahier de M. Miller).

1181. L'infaillibilité du jugement humain, traduit de l'anglais. XVIIIe s.

1182. L'homme libre, ou Discours sur la liberté naturelle et civile de l'homme, par Dom J. Renaud, comte Carli Rubbi, trad. d'après l'original italien. XVIIIe s.

1183. Grammaire anglaise. XVIIIe s.

1184. Istruzione per il collegio Peroni di Brescia, 1807.— D. Sestini, sopra la coltivazione dell' Erbe Spinella. — Sentences latines et françaises.

1185. Ferdinando degli Obizzi, J. Dervis del Mogol, comedia. 1758.

1186. Pièces diverses relatives à Pascal. XVIIIe s.

1187. Lettres diverses (entre autres lettre autographe de Descartes au P. Bourdin). XVIIe-XIXe s.

1188-97. V. Leclerc, notes relatives à son cours d'éloquence latine, 1824 et suiv. 10 vol.

1198. Lettres diverses adressées à V. Leclerc.

1199. Plaidoier de Me Antoine Le Maistre, advocat au Parlement, pour Marie Cognot contre Nassier. — Lettre du même sur le mespris qu'il faict du monde et de ses grandeurs, à Mgr Seguier (relié avec des pièces imprimées du XVIIe s.)

1200. Vers présentez à Mgr le prince de Condé (en latin, par Renatus D'Orival ; en français par J. J. Berruyer (relié avec des pièces imprimées).

1201. Contre l'opinion de la transfusion du sang.— Sommaire du testament de feu le cardinal Mazarin (relié avec des pièces imprimées).

1202. Abbrégé du procès instruit contre Simon Morin, natif d'Aumale, etc. — Noel nouveau.— Billet de François Dosches, prisonnier pour la foy, par lui escript à tous les faux sages de la Conciergerie, etc.— Maximes de la secte des nouveaux divinisez ou illuminez, semées dans Paris par le nommé Morin, Rendon, Doche, etc. dont le dit Morin a été brûlé vif en 1663 (relié avec des pièces imprimées).

1203. Copie d'une lettre en espagnol du P. François Salinos au P. Pierre Bivoro, le 14 juin 1633.— Généalogie de la maison de Lamothe Montberard, originaire de la baronie de Viala au Comté d'Armagnac (relié avec des pièces imprimées).

1204-1209. Fabricios, Bibliotheca mediæ et infimoæ latinitatis, avec notes mss. de V. Leclerc). 6 vol.

TRÈS PETIT FORMAT

1210. Biblia sacra sibimet lucem dantia. XVIIIe s.

1211. Petri Aureoli, compendium litteralis sensus tocius divine scripture. Parch. XIVe s.

1212. Guil. Britonis, summa biblicarum dictionum. Parch. XIVe s.

1213. Glossæ in biblia.— Martini, episcopi scoti, ad Mironem regem Formula vite honeste.— Epistola S. Isidori de ordinibus sacris. — De septem miraculis manu factis. — De apostolis. Parch. XIIe s.

1214. Distinctiones totius sacræ scripturæ. — In exaltatione beate Virginis sermo. Parch. XIIIe s.

1215. De l'écriture sainte. Conférences sur les retraites. XVIIIe s.

1216. Traicté 2 sur le Décalogue. XVIIe s.

1217-19. Notæ secondum litteram in vetus Testamentum. XVIIIe s. 3 vol.

1220. Breviarium cum antiphonis. Parch. XIIIe s.

1221. Breviarium secundum consuetudinem ecclesiæ B. Mariæ Silvanectensis. Parch. XIVe s.

1222. Breviarium. Parch. XVe s.

1223. Livre d'heures. Parch. XVe s.

1224. Rituale Parisiense. Parch. XIIIe s.

1225. Processus festorum, seu breve indicatorium responsoriorum, hymnorum, versuum aliorumque ad officium cujusque festi pertinentium. Parch. XIIIe s. (à la fin 2 feuillets d'un traité de cuisine).

1226. Οχτωηχος (Venise chez Christ. Zanetti), interfolié avec notes manuscrites en latin. XVIe s.

1227. Christlichen Helden Schild, etc.— Ein gebett von dem Leben, Leiden und Sterben unsers Herrn Jesu Christi in welchem die ganze Historia begr. XVIIIe s.

1228. S. Bernardi, collectanea. Parch. XIIIe s.

1229. Guidonis de Monte Rocherii, manipulus curatorum. XVe s.

1230. Même ouvrage. Parch. et pap. XVe s.

1231. [Bartholomæi (?) ad Petrum] De administratione septem sacramentorum. — Guidonis de monte Rocherii manipulus curatorum. — Soluciones alique ministerium ecclesie tangentes. XVe s.

1232. [Thomæ Cantipratani], de prælatis et subditis. Parch. et pap. XVe s.

1233. Petri Bertrandi, de jurisdictione ecclesiæ tam spirituali quam temporali. Parch. XIVe s.

1234. Jacobi Januensis, legendæ sanctorum.— [Valerii Maximi], de vera et ficta amicitia ; de ambitione et superbis.— De confessione. XIVe s.

1235. L. Goubert, notice sur S. Nigaise et le lieu de son martyre; (autographié). 1867.

1236. Johannis Versoris, lectura in primam partem summæ Thomæ (manu Petri Delondæ). 1448.

1237. De libero arbitrio (commentaire sur S. Thomas). XVIIe s.

1238. S. Bonaventuræ, opus de antichristo et ejus ministris. Parch. XVe s.

1239. Tractatus de Deo. XVIIe. s.

1240. De Trinitatis gloriosæ mysterio. XVIIe s.

1241. De la grâce. XVIIIe s.

1242. Du sacrement de l'Eucharistie XVIIe s.

1243. De Barcos, discours sur la sainte Eucharistie. XVIIIe s.

1244. Sainte Marthe, renouvellement du Baptême. XVIIIe s.

1245. Sainte-Marthe, des péchés véniels. XVIIIe s.

1246. Saint Cyran, Pensées diverses sur le sacerdoce, et Catéchisme. XVIIIe s.

1247. Distinctiones theologicæ. — Tractatus de sacramentis et primo de penitencia per modum dialogi. — Tractatus factus in concilio ecclesiæ celebrato Aquisgrani per Ludovicum pium, anno 816. — Aliqua de libro Methodii. — Compilatio de confessione. Parch. XIIIe s.

1248. De peccatis septem capitalibus. Nicolai de Hanapis, liber de exemplis sacræ scripturæ XVe s.

1249. Sermon sur la nécessité d'observer la loi. XVIIIe s.

1250. Homélies sur divers sujets. XVIIIe s.

1251. Exercices spirituels de S. Ignace de Loyola. XVIIe s.

1252. Catéchisme sur le symbole. XVIIIe s.

1253. Lettres spirituelles. XVIIIe s.

1254. Méditations. — Pratiques de l'oraison mentale. XVIIe s.

1255. Kalendarium Gregorianum perpetuum imprimé, suivi d'un livre de prière. 1683.

1256. Arnauld, des péchés véniels ; P. Quesnel, *de la confession des péchés véniels*. XVIIIe s.

1257. Mémoire touchant la fondation de Port-Royal des Champs. — Chronologie de l'histoire d Port-Royal (1591-1664). XVIIe s.

1258. Relation de la Rév. mère Marie Angélique Arnauld de S. Jean, etc. XVIIe s.

1259. Lettres et extraits de lettres de Mme de Longueville à M. le curé de S. Jacques du Haut-pas. XVIIIe s.

1260. Discours et écrits au sujet des persécutions de Port-Royal. XVIIIe s.

1261. Captivité de la sœur Gertrude et sa confession sur le Formulaire. XVIIIe s.

1262. Lettre de la mère Angélique de S. Jean à Mlle de Bagnolz. XVIIe s.

1263. Sentences chrétiennes sur divers sujets, etc. (de la main de l'abbé de Pontchatau). XVIIe s.

1264. Les cent et une propositions condamnées par la constitution Unigenitus, avec leurs qualifications (poème). XVIIe s.

1265. Diverses prières et pensées, par M. Hamon. XVIIe s.

1266-67. Recueil de discours des convulsionnaires (2 vol.) XVIIIe s.

1268. Recueil sur le Jansénisme (les devoirs de la Piété. Remarques sur un arrest. A Madame Bouthilier, 1628). XVIIe s.

1269. Le triomphe de l'amour divin sur les puissances d'enfer en la possession de la mère prieure des Ursulines de Loudun exorcisée par le P. Jean Joseph Seürin, S. J. XVIIIe s.

1270. Catalogue des ouvrages dont il est fait mention dans les controverses religieuses du XVIIe siècle, notamment des censures. XVIIe s.

1271. Vita del glorioso confessore duca di Aquitania San Guglielmo. XVIIIe s.

1272. Vie de M. l'abbé de Pontchateau [par Beaubrun ?] XVIIIe s.

1273. Vie de M. Duhamel, docteur de Sorbonne et curé de S. Merry. XVIIIe s.

1274. Vie de Jean le Pécheur, de l'ordre de S. Jean de Dieu, par le P. Bernard Banfi. 1727.

1275. Extrait d'une lettre sur la mort de Claude Lancelot, bénédictin. 1695.

1276. *Joannis de Nigravalle*, O. Præm, vera et manifesta declaratio illustrium canonicorum regularium. XVIIIe s.

1277. Liste des titulaires des évêchés et abbayes de France dans la seconde moitié du XVIIe s.

1278. Vie et mort de Nicolas Choart de Busenval, évêque de Beauvais. XVIIe s.

1279. Même sujet. XVIIe s.

1280. Constitutions de la congrégation de N. D. des Fuilleus de l'ordre de Citeaux. XVIIe s.

1281. Institution des Novices de la Congrégation de N. D. des Fueillans. XVIe s.

1282. Recueil de pièces sur les Jésuites. XVIIe s.

1283. Instruction et jugement des boites des monnaies de France. 1686.

1284-86. Extrait de l'histoire de France de Mézeray. 3 volumes. XVIIIe s.

1287. Comparaison de François Ier avec Charles V.

1288. Conferencias del otro mundo en los espacios imaginarios entre los eminentissimos cardinales de Richelieu, Mazarini et Oliviero Cromvel. XVIIIe s.

1289-90. Lettres de Louis XIV, recueillies par M. Rose, secrétaire du Cabinet. 2 volumes. XVIIe s.

1291. Campagnes d'Allemagne (1644-1647). Cours du Rhin avec ses environs. XVIIe s.

1292. Campagnes d'Allemagne (1644-1648).

1293. Campagnes de S. A. Mg^r le Prince de Condé en 1674.

1294. Campagne du prince de Condé en 1674.

1295-96. Journal d'Italie. Campagne (1744-1745). 2 vol.

1297. Campagnes de Flandres (1693-1703).

1298. Cantonnements des troupes en 1691.

1299. Essais sur l'histoire de la ville de Strasbourg, par Obrecht. 1681.

1300-1301. Histoire des Etats de l'Europe. 2 volumes. XVIIIe s.

1302. Historia della citta d'Asisi, del Sr Dr Egidi, nobile asisano. XVIIIe s.

1303. L'histoire contenant l'origine et la grandeur d'Espagne, etc., par Don Antoine de Mendosa, secrétaire du roy Philippe IV. XVIIIe s.

1304. Norte de principes, Virreyes, Presidentes, etc. par Ant. Perez, secr. del rey Phelipe II. — Valor del Patrimonio real, etc. — Soneto (relié à la suite de Frectas, de Justo imprio Lusitanorum, Asiatico, 1625). XVIIe s.

1305. Alvaro de Luna, y Mendoza, etc, Definiciones de la sagrada religion y cavalleria de Sancta Maria de Montesa y san Jorge, filiacion de la inclyta milicia de Calatrava. XVIIIe s.

1306. Id. XVIIIe s.

1307. Maximas de Antonio Perez, secretario de Estado de Phelipe II, escritas de orden de Enrique quarto rey de Francia. 1600.

1308. Jos de Campillo y Cossio, lo que hay de mas y de menos en Espâna. XVIIIe s.

1309. Id. Espâna despierta. XVIIIe s.

1310. Id. Inspeccion de la reis secretarias y calidad de sus secretarios. XVIIIe s.

1311. Diario de la Espedicion contra Argèl. XVIIIe s.

1312. Polydori Vergilii, anglica historica. XVIe s.

1313. Jean-Jacques Rousseau, Considération sur le gouvernement de Pologne et sur la réforme projetée. XVIIIe s.

1314. Geographia mirabilis seu curiosa. — D. Francisco de Paula, ode tricolos-tetratrophos. — Méditation sur le pseaume 136. — L'incorporé en 4 intermèdes : 1640.

1315. Géographie de l'Europe. XVIIIe s.

1316. Introduction à la géographie. XVIIIe s.

1317. J. Banneret, doct. sorb., Brevis tabulæ mundi explicatio. 1637.

1318-1324. Introduction à la géographie : France, Italie, Pologne, Turquie, Allemagne, Asie, Amérique et Afrique. 7 volumes. XVIIIe s.

1325. Extraits des voyages que M. de Champlain a faicts en la nouvelle France, dite Canada. — Histoire tragique de Pierre de Ganeston, jadis le mignon d'Edouard II. 1588.

1326. Descrizione di Roma, per Flaminio Primo da Colle. 1599.

1327. Journal de mon voyage en Espagne (3 déc. 1700 — 13 avr. 1701).

1328. Mathei magni Paratitla in juris civilis data anno 1618.

1329. Nic. Chippard, remarques de droit civil. XVIIe s.

1330. Traité sur les institutes de Justinien (extrait des leçons de Ferrarius et Corrasus, par Nic. Chippond. XVIIe s.

1331. Index titulorum juris, par G. Chassebras de la Grand'Maison. XVIIe s.

1332. Constantin le grand et Licinius. XVIIIe s.

1333-1346. Miscellanea. 14 vol. XVIIe s. — (1) Extraits de la Bible, de Mercure trismégiste, de Philon le juif, etc. — (2) Extraits de l'ancien testament. — (3) Proverbes, maximes, etc. — (4) Sur l'art militaire, par De la Prugne. M. de Rohan, etc. — (5) Sur l'architecture, par Savot, médecin du roy. — (6) Extraits de Clélie, de Virgile, etc. — (7) Odes, Epitres, Satires d'Horace, poétique de Richelet, Lucrèce, etc. — (8) Fragments de Térence. Chansons de table. — (9) Ordonnances du Roi Louis XIV. — (10) Maximes politiques. — (11) Formules pour les affaires du Palais ;

proverbes latins, sentences du Pastor fido ; proverbes italiens. — (12) Mots français et latins de Comminius, qui sont le moins pratiqués aux écoles. — (13) Extraits de l'histoire de Don Carlos, de celle des Vizirs, de l'Héroïne mousquette, de la princesse de Clèves, etc.— (14) Sur les anciens Gaulois. — Termes et expressions pour la guerre ; affaires.

1347. Histoire de France. XVIIIe s.

1348. Annibal et Scipion ou les grands capitaines, par Al. C. De Mestre. XVIIIe s.

1349. Livre de compte (en italien). 1620.

1350. Notes d'histoire de France (fragments). XVIIIe s.

1351. Compendium philosophiæ. XVIIe s.

1352. Id. XVIIe s.

1353. Id., a Des Aubeys, prof. celeberrimo. XVIIe s.

1354. Aristotelis, philosophiæ compendium. XVIIe s.

1355. Disputationes metaphisicæ et ethicæ, a P. Giraud, S. J. XVIIe s.

1356. Epitome humanæ philosophiæ tradita a Rev. F. Hyacintho Faumont, O. P. XVIIe s.

1357. Ethica regia. XVIIIe s.

1358. C. C. Guyonnet de Vertron, la Morale ou le tableau de la sagesse (dédié à Mgr l'abbé Colbert) XVIIe s.

1359. Vicomte Dubreuil, traité sur la force de l'habitude. XVIIIe s.

1360. Réflexions diverses. XVIIIe s.

1361. Minéralogie. XVIIe s.

1362. Methodus medendi. XVIIe s.

1363. Tractatus chirurgicus. XVIIe s.

1364. Pathologia de affectibus contra naturam XVIIIe s.

1365. Traité sur les opérations chirurgicales, par Pietce. 1691.

1366. Recueil de recettes de médecine (en latin et allemand) par E. Al. Gruner. 1699.

1367. Id. (en allemand). XVIIIe s.

1368. Tuldanus Leopoldus Coœrus, aurea catena Homeri (en allemand). XVIIIe s.

1369. Préparation de l'esprit universel pour faire l'or potable pour la santé. —Remarques sur la matière universelle. XVIIIe s.

1370. De l'algèbre. XVIIe s.

1371. Leonardo da Vinci, Trattato di pittura. XVIIIe s.

1372. Règles de l'onomancie. XVIIIe s.

1373. Institution d'un général d'armée, avec des maximes militaires tirées de Tacite. XVIIIe s.

1374. Dissertation sur la loterie. XVIIIe s.

1375. Interruption du sommeil cabalistique ou le dévoilement des tableaux mistiques de l'antiquité. 1662.

1376. Grammatica hebraica et syriaca. XVIIIe s.

1377. Sylva variarum lectionum a D. Bernardino Castorio data. 1579. (De Aristotele et Theophrasto et cur in libris Aristotelis errores sint.— De generibus argumentationis. — Vetus Romanorum calendarium).

1378. Dionysii Afri Periegesis, ed. 1528 et Hesiodi opera et dies, s. d. (avec des notes mss. de Jac. Tusan).

1379. Euclidis optica, imprimé (avec des notes mss. en grec et en latin) XVIe s.

1380. Sénèque, Epitres 1, 5, 10, 12, 41, 47, et de la Providence. — Odes choises d'Horace ; — Hymnes homeriques, trad. en vers français. — Turenne (poème) suivi de sonnets et chansons (pièces recueillies ou composées par Coignet De la Cour). XVIIIe s.

1381. Rhetoricæ præceptiones. XVIe s.

1382. Recueil de vers latins (commençant par Somnium Annibalis). XVIIIe s.

1383. Pii papa secundi, Orationes et epistolæ variæ.— Basilii doctrina ad religiosos. — Basilii introductiones per Leonardum Aretinum, translate ad Colutium. XVe s.

1384. Pensées pieuses en vers sur les évangiles des dimanches et fêtes. XVIIIe s.

1385. Chansons. XVIIIe s.

1386. Recueil de choses diverses et agréables (surtout en vers). XVIIIe s.

1387. Recueil de Branles. xviii s.

1388-92. Pièces de vers. xviiie s. 5 vol.

1393. Fables. xviiie s.

1394. Extraits de comédies. xviiie s.

1395. Opéras comiques. xviiie s.

1396. Logogryphes. xviiie s.

1397. Charades. xviiie s.

1398. Conte en vers et en prose. xviiie s.

1399. Contes et anecdotes. xviiie s.

1400-1401. Variétés. xviiie s. 2 vol.

1402. Gazette (incomplète) xviiie s.

1403. Bouquets. 1754.

1404. Pièces détachées, proses et vers. xviie s.

1405. Recueil de jurisprudence, d'histoire, de littérature, de mythologie, etc. xviie s.

1406. Extraits divers (cahier d'élève) xvie s.

1407-1422. Palazzi dei Cesari. (Reçus pour les dépenses exécutées de 1862 à 1869). 16 vol.

1423. Arc de Constantin (Reçus pour les dépenses) 1862-64.

1424. P. Soffietti, Poesia in occasione del passagio por Mantova di Carlo Filippo conte d'Artois. xviiie s.

1425. Educacion de la Juventud, del R. P. Martin Sarmiento, monge Benedictino. xviiie s.

1426. Luis de Zapata, Carlo famoso (strophes 25 et suiv.) xviiie s.

1427. Marchena, Poesias. xviie s.

1428. Amplificationes dictatæ pleræque a rev. P. Porée, quædam a rev. P. de La Sante annis 1728 et 1729. Parisiis.

1429. Index funerus chirurgorum Parisiensium, ab anno 1315 ad ann. 1714 (par Jean de Vaux). Parisiis, 1714 (avec une continuation manuscrite jusqu'en 1723).

1430. Helvetius (Claude Adrien); caractère des auteurs grecs, romains et français. xviiie s.

1431. Aloisia ou les sept entretiens académiques. xviiie s.

1432.— Clavis Homerica (lib. 8-13). xviiie s.

1433. Maucroix, trad. française du 1er Hippias et de l'Eutyphron de Platon, xviiie s.

1434. J. V. Leclerc, traduction en vers français de poètes italiens et anglais. 1807-1808.

1435-36. Salluste, trad. Dureau-Delamalle (Paris, 1808), avec nombreuses corrections de la main de V. Leclerc. 2 vol.

1437. J. V. Leclerc, Trad. française de la 1re et de la 3e Philippique de Demosthène.—Trad. de quelques morceaux des métamorphoses d'Ovide.

1438. Festus, ed. Venet. 1560 (interfolié et plein de notes mss.

1439. Horacio et Marcial (morceaux choisis) traducidas en lengua vulgar, anno 1748.

1440. Végèce, trad. française. xixe s.

1441. Notes diverses sur des mss. de Végèce. xixe s.

1442-43. L. Quicherat, notes sur Virgile. 2 vol.

1444. Id. Extraits d'un glossaire latin du xe s. (Bibl. Nat. latin 7640).

1445. F. Festi, l'Italia a Carlo Emanuele, duca di Savoia. — Pietoso lamento del Pindaro Valmeno. — La Caliste, panegyrico di Gir. Graniani.— A la reyne de Suede, sur sa renonciation à la couronne) etc. (Recueil de vers italiens et français). xviie s.

1446. Plan du cours de littérature grecque professé par Boissonnade à la Fac. des Lettres (1811-1829).

1447. Catalogue des livres de la Bibliothèque [de M. Doudeauville]. 1761.

1448. Catalogue de la bibliothèque [d'un émigré]. xviiie s.

1449. A Lebrun, essai d'un catalogue des mss. de la bibliothèque de l'Université.

1450. H. Omont, catalogue des mss. théologiques de la bibliothèque de l'Université.

Archives de l'Université

1° Registres

1 (1). Conclusions de la Nation de France. 1443-1455.

2 (2-3). Conclusions de la Nation d'Angleterre. 1338-1365.

3 (4-5). Id. 1368-1383.

4 (6). Id. 1392-1406.

5 (7). Id. 1406-1424.

6 (8). Conclusions de la Nation d'Angleterre, devenue Nation d'Allemagne (vers 1437). 1424-1465.

7 (9). Conclusions de la Nation d'Allemagne. 1466-1476.

8 (10). Id. 1476-1492.

9 (11). Conclusions de la Nation de Picardie. 1476-1483.

10 (11 bis). Nation de Normandie. 10 oct. 1656-1739.

11 (11 ter). Id. 21 mars 1739-1769.

12 (12-13). Conclusions des Nations réunies ou de la Faculté des Arts. 15 décembre 1478-1481 et 1512-1536.

13 (14). Conclusions des Nations réunies. 1516-1518.

14 (15). Id. 1521-1524.

15 (16). Conclusions de la Nation d'Allemagne. 3 juin 1521-1527.

16 (17). Conclusions des Nations réunies. 1525-1527.

17 (18). Id. 23 juin 1537 — juin 1540.

18 (19). Id. 1537-1541.

19 (20). Id. 21 juil. 1541-1543.

20 (21). Id. 1546-1550.

21 (22). Id. 23 sept. 1551-1556. (Registre du greffier Guillaume Lafûté).

22 (23). Id. 1566-1569, (Id).

23 (24). Id. 1570-1600 (Registre du greffier Guillaume Duval).

24 (25). Id. 1600-1612.

25 (26). Conclusions de la Nation d'Allemagne, juin 1613 à nov. 1660.

26 (27). Conclusions des Nations réunies ou de la Faculté des Arts. 1622-1646. (Registre de Quintaine).

27 (28). Id. 1647-1658.

28 (29-30). Conclusions de la Nation de France (oct. 1657 à déc. 1662) et de la Nation d'Allemagne (1 déc. 1659 au 23 juin 1698).

29 (31). Conclusions de l'Université, 13 déc. 1661 au 20 décembre 1667 (Registre de Duboulay).

30 (32). Id. 1668-1671.

31 (33). Id. 1672-1673.

32 (34). Id. 1674-1676.

33 (35). Id. 1677-1682. (Registre de Lair).

34 (36). Id. 27 oct. 1678-1682.

35 (37). 1683-1689.

36 (39). Id. 1690 — 27 oct. 1694.

37 (39). Id. 1693 — 20 mars 1708.

38 (40). Conclusions de la Nation d'Allemagne, août 1698 — 1 avr. 1730.

39 (41). Conclusions de l'Université — 12 nov. 1706 — 16 déc. 1713 (Registre du greffier Viel).

40 (42). Id. 1714-1719.

41 (43). Id. 1720-1726.

42 (43 a). Id. 1727-1733.

43 (44). Id. 1734 — juil. 1740. (Registre du greffier Piat).

44 (45 Id. août 1740-1743.

45 (45 a). Id. 1744 — nov. 1747.

46 (45 b). Id. 1747-1751.

47 (45 c). Id. 1752 — oct. 1755.

48 (45 d). Id. nov. 1755 — 23 juin 1760. (Registre du greffier Fourneau).

49 (46). Id. Juillet 1760 — 15 août 1762.

50 (47). Id. 19 août 1762-1767.

51 (47 a). Id. 1766-1768.

52 (47 b). Id. 1769 — 30 juin 1773.

53 (47 c). Id. Juillet 1773 — mars 1779.

54 (47 e). Id. 1784 — nov. 1787.

55 (47 f). Id. déc. 1787.

56 (48). Id. 22 août 1789 — août 1792.

57 (48 a). Registre des suppliques ou conclusions de l'Université. 7 oct. 1778 — mars 1779.

58 (48 b). Conclusions de la Nation de Picardie. 3 avr. 1779 – 8 mai 1792.

59 (49). Registre du Rôle, ou nomination aux bénéfices. 1492-1495.

60 (50). Id. 1496-1501.

61 (51). Id. 1510-1517.

62 (52). Id. 1515.
63 (53). Id. 16[illegible] 1545.
64 (54). Id. 1537 (liber graduatorum juratorum).
65 (55). Id. 1537-1539.
66 (56). Id. 1540-1546).
67 (57). Id. 1541.
68 (58). Id. 1547.
69 (59). Id. 1548.
70 (60). Id. 1549.
71 (61). Id. 1551-1554.
72 (62-63). Id. 1553-1554.
73 (64). Id. 1556-1570.
74 (65 à 69). Id. 1572, 1581, 1586-88, 1589-1594, 1595.
75 (70). Id. 1607-1610.
76 (71). Id. 1617-1629.
77 (72). Id. mars 1629 — 26 févr. 1641.
78 (73). Id. 12 avril 1674 — 19 mars 1675 (et brouillons détachés du rôle, 1632, 1637, 1624-48, 1651, 1652, 1654).
79 (74). Id. 26 fév. 1641 — 21 juil. 1657.
80 (75). Id. 21 mars 1662-1671.
81 (76). Id. 1672-1678.
82 (77). Id. 13 déc. 1678 — 21 mars 1690.
83 (78). Id. 13 déc. 1678-1714.
84 (79). Id. 20 juin 1691 — 16 juin 1706.
85 (80). Id. 1715 — oct. 1736.
86 (80 a). Id. Id. 1736 — 11 avr. 1752.
87 (81). Id. 11 avr. 1752 — 20 mars 1772.
88 (82). Id. 19 juin 1772 — 18 mars 1791.
89 (83). Certificats d'études. 1512.
90 (84). Id. 1513.
91 (85). Livre des receveurs de la Nation d'Allemagne (miniatures) 1494-1530.
92 (86-87). Rôle des officiers de l'Université, 1545-1600. 1659-1720.
93 (88). Concours d'agrégation. 1766.
94 (89). Id. 1667-1678.
95 (89 a.) Id. 1779-1786).
96 (89 b). Id. 1787-1791.
97 (90). Livre du Recteur. Parch. 1650-1679.
98 (91-92). Grands messagers de l'Université — 1672-1736 ; et imprimé de 1732.
99 (93). Livre des grands messagers, dressé en 1737.
100 (94). Cartulaire de l'Université. Livre de la Nation d'Angleterre (Allemagne), de 1200 à 1355.
101 (95). Répertoire général ou table méthodique des matières contenues dans les registres des conclusions de l'Université, de 1622 à 1728.
102 (96). Fondation et statuts des Collèges. XVIIe s.
103 (97) Ancien inventaire des actes et titres de l'Université. Commencement du XVIIe s. (indiquant les pièces contenues dans les 7 premiers cartons et beaucoup d'autres qui ne s'y trouvent plus).
104 (98). Second inventaire, plus complet. Fin du XVIIe s.
105 (99). Factum contre les quatre voix de la Faculté des Arts, écrit vers 1653-1654.
106. Inventaire des archives de l'Université. Etat sommaire et Etat détaillé, 1843. — Etat des cartons et registres déposés à la Bibl. de l'Université le 1er févr. 1865.

www.ingramcontent.com/pod-product-compliance
Ingram Content Group UK Ltd.
Pitfield, Milton Keynes, MK11 3LW, UK
UKHW020508230726
13925UKWH00005B/2111

9 782019 213060